Lothar Frenz

Ein Jahr mit Loki

Rowohlt · Berlin

1. Auflage März 2019

Gesetzt aus der Dorian und Calibri bei
Pinkuin Satz und Datentechnik, Berlin
Druck und Bindung CPI books GmbH, Leck, Germany
ISBN 978 3 7371 0065 6

Meinen Eltern gewidmet

Inhalt

Der erste Kaffee

Aber Herr Frenz, wir sind doch durch Zufall ein gutes Gespann geworden, oder?»

Loki Schmidt war neunzig Jahre alt, als wir uns kennenlernten, ich fünfundvierzig. «Großmuttergeneration trifft Enkelgeneration», sagte sie oft zu mir. Und doch gab es einen großen Unterschied zu den Großeltern, Onkeln und Tanten, die mir nahestanden, mich seit meiner Kindheit begleiteten und deren Altern und Sterben ich erlebte. Denn sie waren mein ganzes Leben über da: Wir schritten gemeinsam voran in den Jahren, teilten viele Erfahrungen und Erlebnisse und konnten uns im besten Falle über einen langen Zeitraum hinweg voneinander verabschieden. Bei Loki war das anders: Wir waren gerade dabei, uns kennenzulernen, und in unserem Kennenlernen war aufgrund ihres hohen Alters von Anfang an die Vorstellung von Begrenztheit dabei.

Drei, vier Mal hatten Loki Schmidt und ich uns erst getroffen und uns soeben an der Haustür in Hamburg-Langenhorn verabschiedet. Ich kam gerade an den Wachposten vorbei, in Gedanken noch bei unserem Gespräch der vergangenen Stunden, als mir der Satz mit dem Zufall wieder einfiel. Ich musste sofort lächeln. Auf Sätze, die mit «Aber

Herr Frenz» begannen, folgte immer etwas besonders Zugeneigtes von Loki, das hatte ich schon bemerkt. Mir wurde in jenem Augenblick klar, wie gern ich sie bereits hatte – und ich erschrak, denn mir wurde auch bewusst, wir würden keinen langen gemeinsamen Weg vor uns haben. Der Schreck führte mir vor Augen, dass längst etwas anders war als bei meinen anderen Arbeitsbegegnungen.

Auf eine Weise war auch Loki beinahe mein ganzes Leben über da: als Gattin jenes Bundeskanzlers, den ich mit meinen ersten politischen Erlebnissen verbinde – dem RAF-Terror, der Entführung Hanns Martin Schleyers und der Befreiung der Geiseln von Mogadischu. Die Abwahl Helmut Schmidts durch das konstruktive Misstrauensvotum verfolgten wir in der Schule vor dem Fernsehbildschirm als Anschauungsbeispiel für gelebte und funktionierende Demokratie. In späteren Jahren wurde Loki Schmidt zusammen mit ihrem Mann fast schon zu einer moralischen Instanz und einem Sinnbild für Anstand – Letzteres bitte schön mit spitzem Hamburger S gesprochen. Sie waren Ikonen Deutschlands, in deren gemeinsamem Leben sich die Geschichte eines Jahrhunderts spiegelte.

Zu einem Synonym für ausufernden Tabakkonsum wurden die beiden auch: Die letzten Raucher zu sein, die ihre Nikotinliebe öffentlich zelebrierten, machte sie nicht nur zu Vertretern einer vergangenen Epoche, in der allerorts hemmungslos gequalmt wurde, es gab ihren launigen Auftritten auch etwas Kultiges und Leichtes.

Die mit steigendem Alter immer größer werdende Beliebtheit des Ehepaars Schmidt veranlasste Tochter Susanne bei der öffentlichen Feier zum neunzigsten Geburtstag ihres Vaters zu der augenzwinkernden Bemerkung, in der Öffentlichkeit sei eine «klammheimliche Neigung zum Monarchistischen» erkennbar. Sie überlegte, ob nicht geradezu ein virtueller Heiligenschein über beiden kreise – oder vielleicht doch nur die Rauchkringel der dauerglimmenden Mentholzigaretten.

Ich wäre nie auf den Gedanken gekommen, selber einmal regelmäßig und selbstverständlich bei den Schmidts ein und aus zu gehen. Bis ein paar Wochen zuvor, im August 2009, der Zufall in Gestalt meines Lektors anfragte, ob ich nicht ein Buch zusammen mit Loki Schmidt schreiben wolle, eine Einführung in die Natur. Und so fuhren er und ich gemeinsam zum Neubergerweg, um Loki und mich einander vorzustellen und die Idee zu besprechen.

Ein Drehbuchautor mit Sinn fürs Klischee hätte die ersten Worte geschrieben haben können. Kaum saßen wir bei der ersten Tasse Kaffee auf den Wohnzimmersofas, da fragte sie schon:

«Rauchen Sie, Herr Frenz?»

Es war wirklich die allererste Frage, die sie mir stellte, und so, wie sie gestellt war, lag tiefer Ernst darin.

«Ich habe mein ganzes Leben lang nur getrunken, Frau Schmidt», antwortete ich. Diese Antwort hatte ich mir, ehrlich gesagt, bereits vorher überlegt. Allerdings hätte ich nie erwartet, dass unsere erste Begegnung wirklich so ablaufen würde. Wann immer ich diese Anekdote erzähle, lachen an dieser Stelle alle auf. Loki Schmidt lachte nicht. Ich schaute in ein fassungsloses Gesicht.

«Sie haben es noch nicht einmal versucht?»

Das war das erste Mal, dass sie mich verblüffte. Gleich mit ihrer zweiten Frage richtete sie sich nicht nach dem

Ein Jahr mit Loki – dank ihrer «Verpflichtung zu arbeiten», selbst im hohen Alter.

imaginären Skript. Heute weiß ich, genau darin lag ein Teil ihres kommunikativen Geschicks: sich der Erwartung zu widersetzen, aber dennoch zugewandt, neugierig und angemessen zu reagieren und damit den Gesprächspartner ausdrücklich ernst zu nehmen. Diese Haltung verlieh Loki etwas überaus Präsentes und auf ganz erfrischende Weise Entwaffnendes.

Noch etwas anderes steckte hinter ihrer Reaktion: Nicht nur die Verwunderung darüber, dass jemand ihr Lieblingsvergnügen nicht teilte, sondern auch Unverständnis. Dass jemand nicht die Neugier besitzt, es wenigstens einmal auszuprobieren, nein, das konnte sie nicht verstehen. Unserer beginnenden Zusammenarbeit tat meine Antwort zum Glück keinen Abbruch, denn ich konnte ihr glaubhaft versichern, dass ich das Rauchen durchaus probiert hatte, es mir aber einfach nicht schmeckte. Und weil ich nie geraucht hatte in meinem Leben, sei ich auch kein militanter Nichtraucher, beruhigte ich sie.

So diskutierten wir also über die Idee zum Buch über die Natur, entwickelten erste Gedanken, als irgendwann das Telefon klingelte. Loki nahm den Hörer ab:

«Schmidt.»

«Hier auch», hörte ich aus dem Telefon die Stimme des Altkanzlers. Der Apparat war auf laut gestellt, sodass man gut verstehen konnte, was auf der anderen Seite der Leitung gesagt wurde.

«Du hast dich gar nicht verabschiedet, als du gefahren bist», begann Loki das Gespräch mit ihrem Mann, der gerade in der Redaktion der «Zeit» angekommen war.

«Deswegen rufe ich an, meine Liebe, um tschüs zu sagen.»

«Tschüs!», sagte Loki. Dann legte sie den Hörer auch

schon wieder auf und grinste mich an. «So albern wird ein Ehepaar, wenn es alt wird, Herr Frenz.»

Das Wesentliche war gesagt, die Zuneigung gegenseitig ausgedrückt, ohne pathetisch oder allzu gefühlig zu sein. In dieser beeindruckenden Zugewandtheit eines alten, albernen Paares, das sich bereits seit der Schulzeit kannte, lag auch die Sorge umeinander, wie ich später mitbekam.

Loki und ich verabredeten die Zusammenarbeit und wollten uns nun regelmäßig treffen. Damit war ich angekommen im Hause der «Rauchkringel-Schmidts». Daheim notierte ich das Stichwort «Pingpong» in meinen Aufzeichnungen über unsere erste Begegnung und merkte bald darauf, dass uns beide nicht nur die Leidenschaft für die Natur verband, sondern auch eine gewisse Grundalbernheit.

Nun hatten wir also ein gemeinsames Projekt, und wie sich zeigen sollte, hatten wir wirklich nicht viel Zeit. Es wurde «ein Jahr mit Loki», fast auf den Tag genau: Nur vier Tage fehlten zur Vollendung dieses Jahres – von unserem ersten Kaffee bis zum letzten Telefonat.

Mein Beruf beschert mir immer wieder besondere Erlebnisse. Meine regelmäßigen Besuche in Langenhorn, die Gedankenexpeditionen und Gespräche mit Loki in diesem Jahr, stehen für mich ganz vorn und auf gleicher Stufe mit meinen Expeditionen zu den letzten weißen Flecken dieser Erde, nach Amazonien, Neuguinea und in die Zentralafrikanische Republik. Abenteuer lassen sich vielerorts erleben – auch vor der Haustür. Und wenn sich zwei auf gleicher Wellenlänge begegnen, sogar in Gesprächen.

Noch heute fällt es mir schwer, die beiden Lokis zusammenzubekommen: die öffentliche «Bundesloki», die jeder kannte, die um die ganze Welt gereist war und mit unzähligen Menschen gesprochen hatte, und jene Loki, mit der ich rasch vertraut beisammensaß, die ich immer nur bei ihr zu Hause in Hamburg-Langenhorn erlebte und fast immer nur zu zweit.

Mit dem «Enkelblick» aus diesem Jahr möchte ich noch einmal auf ihr Leben zurückschauen. Auf den Menschen Loki, den ich in seinem letzten Lebensjahr aus nächster Nähe kennenlernen konnte und den ich so schnell so gern mochte. Für meinen Rückblick habe ich einige Oberbegriffe ausgewählt. Sie richten sich nach Dingen, über die wir gesprochen haben, die ich mit ihr erlebt, die ich beobachtet habe, die mir aufgefallen sind.

Vom Ende her betrachtet, sieht ein Leben manchmal so stimmig aus. Dabei stellt sich die Frage, worauf es im Leben eigentlich ankommt, wie es gelingen kann. Was ist ein erfülltes Leben, was ein richtiges? Was bedeutet es überhaupt, «richtig» zu leben? Wie schafft man das? Und was hinterlasse ich?

Ein Blick auf Lokis Leben gibt für solche Fragen einige Anregung.

Herkunft:
Armer Leute Kind

Bei unserem zweiten Treffen kamen wir ganz schön herum: auf die Twin Towers in New York, wo ein Schwarm Wildgänse über Manhattans Skyline flog, in den Garten des Bonner Kanzleramts und die private Bonsaisammlung des japanischen Kaisers Hirohito, an den Hamburger Hafen natürlich und in das Ferienhaus der Schmidts am Brahmsee. Innerhalb von drei Stunden legten wir mit dem Hurtigruten-Postschiff im norwegischen Tromsø an, betrachteten im Katharinenkloster auf dem Sinai den brennenden Dornbusch Mose, staunten über die gewaltigen Huftierherden der Serengeti und diskutierten, ob die Urwälder Amazoniens eine verwilderte Kulturlandschaft seien. Wir ließen uns durch die Welt treiben, kreuz und quer, durch Länder und Jahre, ausgehend von persönlichen Erlebnissen, Erfahrungen und Expeditionen. Denn bei dieser ersten Sitzung zu zweit wollten wir uns kennenlernen, wollten vielleicht schon eine Grundidee für unser Buch finden.

Am Ende des intensiven und kurzweiligen Gesprächs voller Gedanken und Abenteuer sagte Loki, zwischendurch habe sie durchaus «mal sehr kleine Augen» bekommen und sei ein wenig müde geworden. Daher wollte ich beim nächsten Mal wissen, wie es ihr nach unserem letzten Treffen ergangen war. War es nicht zu anstrengend gewesen? Zu viel für eine Neunzigjährige? Neunzigeinhalb, verbesserte sie mich. Das war ihr wichtig.

«Wissen Sie, was ich getan habe, als Sie weg waren? Da bin ich in die Küche gegangen und habe Wurzeln geschält und klein geschnitten. Fürs Abendbrot, da gab es Erbsen und Wurzeln.»

Was hatte ich erwartet? Vielleicht, dass sie sich müde und etwas erschöpft hingelegt hätte. Dass sie sagen würde, wir sollten es mal nicht übertreiben und in Zukunft öfter auf die Uhr schauen. Aber nein: «Das habe ich auch früher gemacht, diesen Wechsel zwischen Hand- und – wenn Sie so wollen – Kopfarbeit. Ich habe mein Leben lang gearbeitet. Mit fünfzehn musste ich den Haushalt führen, weil meine Mutter von morgens bis abends zum Nähen ging.»

In dieser Antwort schwang ihre Einstellung zum Leben mit. Arbeit, in welcher Form auch immer, war stets ein Teil davon. Große Mühen, Last und Verantwortung waren ihr nie fremd. Ihre Herkunft war ihr sehr präsent, in unseren Gesprächen erwähnte sie sie oft: «Wer aus einem Elternhaus wie meinem stammt, denkt doch nicht daran, einmal solche Reisen zu machen.»

Sehr selbstbewusst sagte sie: «Ich bin armer Leute Kind.»

Loki entstammte einer Arbeiterwelt, wie sie heute in Deutschland nicht mehr existiert. Als Helmut Schmidt seine Klassenkameradin Loki Glaser erstmals zu Hause besuchte, um ihr die Baskenmütze vorbeizubringen, die sie bei seinem Kindergeburtstag vergessen hatte, war er entsetzt: Dass Menschen so ärmlich, so dunkel wohnen mussten, empörte den Zehnjährigen, der aus einer kleinbürgerlichen

Familie kam.[1] Helmut Schmidts Vater Gustav hatte durch Bildung den sozialen Aufstieg aus der Arbeiterklasse bereits geschafft und war Lehrer geworden. Die bedrückende Armut der Glasers – «wirkliches Elend», schrieb Helmut Schmidt noch in seinem letzten Buch – rief sein Gefühl für Gerechtigkeit wach.[2]

Lokis Familie lebte da in einem «Terrassenhaus», was heutzutage ausgesprochen hübsch klingt, damals aber einen düsteren Wohnblock im Hinterhof beschrieb: ein «billiges Loch» von achtundzwanzig Quadratmetern, das siebenundzwanzig Mark im Monat kostete. «Das war genau das, was mein Vater wöchentlich bekam. Ein Wochenverdienst ging als Miete weg.»

Loki fand die Wohnung «herrlich – weil sie uns allein gehörte».[3] Die Enge habe sie nicht wahrgenommen, sie kannte ja nichts anderes. Für sie war die «Terrasse» ein Fortschritt. Zuvor hatte die junge Familie in der Wohnung der Großeltern in der Schleusenstraße am Hafen in Hammerbrook gelebt, zusammen mit den Schwestern der Mutter und später deren Ehemännern. Dort war Hannelore, wie ihr wirklicher Name lautet, als erstes Kind im März 1919 zur Welt gekommen. Den Namen «Loki» schnappte sie daheim auf, als es um den wenig beliebten Gott aus der nordischen Sagenwelt ging, einen Blutsbruder Odins, eine vielseitige, aber durchtriebene und listige Figur. Weil «Hannelore» für das kleine Mädchen schwer auszusprechen war, übernahm sie das einfachere Wort für sich: «Loki» blieb sie ihr Leben lang. Dass sie damit einen eher negativ konnotierten Namen in etwas Grundsympathisches umdeutete, passt zu ihrem ungewöhnlichen Lebensweg.

Mit der Geburt des dritten Kindes, der Schwester Linde,

wurde die großelterliche Wohnung endgültig zu klein. Drei Jahre war Loki alt, als die Glasers in die Baustraße im Hamburger Stadtteil Borgfelde, die heutige Hinrichsenstraße, zogen: Nach der Arbeit transportierte der Vater mit Freunden die wenigen Habseligkeiten im Handkarren durch die Stadt. Da es schon dunkel war, hing eine Papierlaterne am Wagen. «Meine Mutter schob den Kinderwagen mit dem Baby, mein Bruder Christoph saß am Fußende, und ich marschierte nebenher.»

Die Terrassenwohnung war düster und bescheiden: Auch in die beiden Vorderzimmer schien nur selten die Sonne hinein, eines war das Kinderzimmer, das andere das kleine Wohnzimmer mit dem einzigen Ofen, in dem sich das Familienleben abspielte. Nach hinten zeigten das vier Quadratmeter große Schlafzimmer der Eltern mit einem selbstgezimmerten Bett und die Küche mit dem einzigen Wasserhahn der Wohnung. Beide Räume waren noch dunkler, denn die nächste Häuserreihe war nur wenige Meter entfernt. Ein Badezimmer gab es nicht, die Toilette im Treppenhaus teilten sich die Glasers mit den Nachbarn. Immerhin, das war beinahe Luxus, denn bei anderen Terrassenhäusern lag die Toilette im Hof.

Auch zwischen die Häuser gelangte wenig Licht, links und rechts graue Wände. Solange die Kinder noch nicht zur Schule gingen, durften sie nicht auf der Straße spielen, sondern nur im Hof. Doch was erblickte Loki dort? In den Ritzen des Kopfsteinpflasters, wo sich ein bisschen Erde angesammelt hatte, schoben sich zwei Pflanzen «mühsam zwischen den Steinen empor»: das Einjährige Rispengras und der Löwenzahn. «Die zwei Pflanzen aus meiner Kindheit sehe ich heute noch vor mir. Früher habe ich manches

Im Hinterhof der großelterlichen Terrassenwohnung in der Bürgerweide überragte Loki 1928 die Nachbarskinder und ihre jüngeren Geschwister Christoph und Linde, die direkt links neben ihr stehen.

Mal gedacht, nicht ich habe die Pflanzen entdeckt, die Pflanzen haben mich ausgesucht.»

Das war eine prägende Entdeckung an diesem tristen Ort in einer schwierigen Zeit. In Lokis Beschreibungen klingt die Armut immer an, aber nicht nur sie. Hineingeboren in das gerade zusammengebrochene Kaiserreich und in die Wirren der Weimarer Republik, der ersten parlamentarischen Demokratie in Deutschland, fiel ihre Kindheit in eine Zeit des Aufbruchs: Die Arbeiterklasse war bildungshungrig, und auch Lokis Eltern Hermann und Gertrud Glaser wollten die ärmlichen Verhältnisse hinter sich lassen und teilhaben an den gesellschaftlichen Neuerungen.

Uneingeschränkter Zugang zu Bildung war nicht selbstverständlich. Gymnasien oder «höhere Schulen» kosteten Schulgeld, das für Arbeiterfamilien schwer aufzubringen war. Beide Elternteile hatten zunächst acht Jahre lang die Volksschule besucht, die schulgeldfrei war. Als gute Schüler wurden sie danach für die «Selekta» ausgewählt: In Hamburg gab es diese zusätzliche neunte, weiterführende Klasse, die für begabte Volksschüler aus armen Familien kostenlos war und zu einem Abschluss vergleichbar der mittleren Reife führte.

Nach der Schulzeit lernten Lokis Mutter Gertrud und ihre drei Schwestern einen Beruf, was damals für Frauen ungewöhnlich war: Die Mutter wurde Schneiderin, die Schwestern Kontoristinnen. Vater Hermann machte eine Lehre als Elektriker und arbeitete danach mal beim Arbeitsamt, mal auf einer Werft. «Wenn eine Uhr mit Batterie stehenbleibt, hält mein Mann sie mir heute noch hin und sagt: Dein Vater war Elektriker, mach mal», erzählte Loki.

Die Eltern bildeten sich auch nach der Schulzeit und

Ausbildung weiter – getreu dem vom Sozialdemokraten Wilhelm Liebknecht propagierten Wort «Wissen ist Macht». Seit Mitte des 19. Jahrhunderts waren in Deutschland die ersten Arbeiterbildungsvereine entstanden, in denen viele Volkshochschulen ihre Wurzeln haben. Zwei, drei Mal in der Woche besuchten Lokis Eltern die dortigen Kurse: Es ging um die neusten Erkenntnisse aus Biologie, Vorgeschichte und Geologie, um Kunst, Architektur, das Bauhaus und die Hamburger Backsteinbauten des Stadtplaners Fritz Schumacher, der die Menschen mit seinen Klinkerbauten aus ihren katastrophalen Wohnverhältnissen befreien wollte und dessen Gebäude bis heute das Bild Hamburgs prägen. So erwarben die Glasers eine breitgefächerte und oft anwendungsorientierte Bildung.

Lokis Mutter hatte etwa Vorträge über die Ernährungslehre von Max Bircher-Benner gehört, einem Pionier der Vollwertkost. «Wir haben aus heutiger Sicht schon sehr vernünftig gegessen. Meine Mutter kochte für die damaligen Verhältnisse modern, nicht so viel Künstliches kam dazu. Es gab rohe Haferflocken und Früchte mit Honig und Milch. Das Originalrezept war meiner Mutter zu teuer, denn da durfte man nicht Milch, sondern musste Sahne nehmen. Also hat sie das variiert. Dem Geldbeutel meiner Eltern kam diese Kost entgegen, dass man nicht so viel Fleisch isst.»

Der leere Geldbeutel spielte wohl auch eine Rolle, als ihr Vater sie ein einziges Mal in seinem Leben schlug. Die Eltern durften im Schrebergarten von Freunden zwei Beete bepflanzen, um etwas Gemüse anzubauen. «Ich habe meinem Vater dort einen Strauß gepflückt. Älter als vier Jahre kann ich nicht gewesen sein, ich konnte noch nicht richtig sprechen und habe ihm strahlend den Strauß hingehalten: Limelein! Und da hat mein Vater mich versohlt.»

Denn die «Limelein» waren Bohnenkeimlinge – eine künftige Mahlzeit also. Dass er aus Sorge um die Ernährung der Familie seine kleine Tochter geschlagen hatte, die sich über etwas Schönes freute, das sie ihm schenken wollte, das machte er sich bis zum Lebensende zum Vorwurf. «Noch kurz bevor er gestorben ist, hat er gesagt: Das tut mir heute noch leid.»

Was die Eltern in den Vorträgen der Volkshochschule lernten, brachten sie heim und probierten es gleich aus: Im Flur der Glasers blickte ein Selbstbildnis des Vaters von der Wand. Weil es nicht «normal» und naturalistisch gemalt war, sondern blass und grün, von expressionistischen Vorbildern inspiriert, verstörte es so manchen Besucher. Das Bild einer Birke in der Heide hat die Jahrzehnte überdauert und hängt noch heute im Haus der Schmidts in Langenhorn, das auch nach dem Tod des Ehepaares unverändert geblieben ist.

Das Wissen und den Bildungshunger gaben die Glasers an ihre Kinder weiter. Freitags, wenn der Vater seinen Lohn bekam und es die familiäre Kassenlage hergab, kaufte er Kunstpostkarten und erklärte sie den Kindern.

Schon seit 1925 übte Loki an der Geige. «Auch als wir ganz arm waren, bekamen wir Musikunterricht.» So knapp das Geld war, die Eltern waren einfallsreich, wenn es darum ging, die Familie an ihrem Wissen teilhaben zu lassen: «Es war wohl Mitte der zwanziger Jahre, als mein Vater und meine Mutter mit dieser Neuigkeit von der Kontinentalverschiebung heimkamen. Sie hatten damals in der Hamburger Volkshochschule noch Alfred Wegener höchstpersönlich gehört, wie er von seiner neuen Theorie berichtete. Sie kamen begeistert nach Hause in unsere winzig kleine Hinterhofwohnung, und wir haben dann sofort aus einer alten Zeitung Afrika und Südamerika ausgeschnitten. Wenn man das ganz säuberlich schneidet, dann passt das ja fabelhaft. Für mich war das als Kind wie Weihnachten und Geburtstag zusammen. Das vergisst man nicht.»

Außerdem besaßen die Eltern trotz knapper Finanzen eine antiquarische Ausgabe der 1906 erschienenen Sturm'schen «Flora von Deutschland», mit fünfhundert «Abbildungen nach der Natur in fünfzehn Bänden», in denen einheimische Pflanzen beschrieben waren. Die wenigen Bücher im Hause waren ein kostbarer Schatz und dennoch für die Kinder verfügbar: Noch bevor Loki in die Schule kam, blätterte sie in der «Flora». «Ich durfte mir verhältnismäßig früh den einen oder anderen Band rausnehmen und sogar darin rummalen. Und irgendwo ist noch mit ungelenker Schrift HANNELORE zu lesen, und zwar das N falsch herum, wie Kinder das machen.» So erwarb sie erste Grundkenntnisse der Botanik. Dank der vielen Abbildungen in der «Flora» fiel ihr schon als Kind das Bestimmen von Pflanzen leicht.

Der Vater versuchte, die düstere Wohnung freundlicher zu gestalten. An die Wand des Kinderzimmers malte er einen südamerikanischen Tukan, einen schwarzbunten Pfefferfresservogel, inmitten eines üppigen tropischen Urwalds. Früh wuchs in Loki der Wunsch, in der Welt herumzureisen und Naturforscherin zu werden, auch wenn sie noch keine Vorstellung davon hatte, was das bedeutete. Als sie später von Alexander von Humboldt und seinen Entdeckungsreisen las, hatte sie ein Vorbild gefunden.

«Solche verrückten Familien wie uns gibt es, glaube ich, heute kaum mehr, der Umstände wegen. Bei uns ging es sehr unkonventionell zu.» Für die damalige Zeit ungewöhnlich, liefen die Eltern durchaus mal nackt durch die Wohnung. «Der Unterschied zwischen Männlein und Weiblein war mir selbstverständlich.»

1929 erfuhr Loki, dass sie noch ein drittes Geschwisterchen bekommen würde: «Dann sah man langsam den schwellenden Bauch, und Sie können sich ja vorstellen, wie ein neugieriges Kind dauernd fragt: Wie groß ist das schon? Und als meine kleine Schwester anfing zu strampeln, durfte ich den Bauch meiner Mutter anfassen.»

Loki wurden keine Geschichten vom Storch erzählt, die Glasers machten ihren Kindern nichts vor. Sie durften fragen und fragen – und sie durften erleben, was sich erleben ließ.

Als sich die Geburt ihrer Schwester Rose ankündigte, blieb Loki zu Hause, die anderen Geschwister waren ausquartiert. «Im Nebenzimmer habe ich alle Geräusche gehört, die hauptsächlich ja aus Stöhnen bestanden, und habe dann den ersten Schrei vernommen, und dann kam meine Tante und sagte: Du hast eine kleine Schwester, komm. Und ich habe das neugeborene Baby gesehen, es war zwar schon abgenabelt, aber noch nicht gebadet. Diese Erfahrung hat meine Tante mir ermöglicht, wofür ich ihr heute noch dankbar bin.»

1929 zog die Familie in eine größere Neubauwohnung für «Kinderreiche»: knapp sechzig Quadratmeter in der Snitgerreihe in Hamburg-Horn, für 77 Mark Miete. Allein die Wohnküche war mit zwanzig Quadratmetern fast so groß wie zuvor die gesamte Wohnung. Jetzt hatten sie sogar ein eigenes Badezimmer, eine Speisekammer und eine Zentralheizung.

Bald darauf griff die Weltwirtschaftskrise auf Deutschland über und beendete die Goldenen Zwanziger, in denen sich die Wirtschaft vom Ersten Weltkrieg erholt und Kunst, Kultur und Wissenschaft eine Blütezeit erlebt hatten. Infolge der weltweiten Depression verlor Lokis Vater 1931 seine Stelle. Ein Jahr später gab es in Deutschland fast sechs Millionen Arbeitslose. Der Aufstieg der Nationalsozialisten hatte da längst begonnen.

Nun reichte bei den Glasers das Geld oft nicht mehr für das Nötigste. Es gab nur geringe Arbeitslosenunterstützung. Wochenweise musste der Vater mit anderen Arbeitslosen aufs Land, um Bauern bei der Ernte zu helfen. Manchmal weinte die Mutter zu Hause, weil kein Pfennig Geld mehr da war; dann wurde Loki losgeschickt, um beim Händler auf Pump zu kaufen. Manchmal waren die Geschwister so hungrig, dass sie unreifes, angebissenes Obst von der Straße aufsammelten. Weil die Mutter tagsüber zum Nähen ging, für fünf Mark am Tag, versorgte Loki als Älteste den Haushalt – «wir alle halfen, wo es ging» – und lernte neben den intellektuellen Dingen allerhand Praktisches: Saubermachen, Waschen, Kochen, Schneidern, Basteln, Werken.

Vater und Mutter Glaser waren politisch interessiert und zwischendurch Mitglied der USPD gewesen, einer Abspaltung der SPD. Irgendwann jedoch traten sie wieder aus, genervt vom Parteiengezänk der Weimarer Republik. Strikte Gegner der erstarkenden Nationalsozialisten waren die Glasers trotzdem.

Als die Nazis 1933 an die Macht kamen, sagte ihr Vater

zur vierzehnjährigen Loki: «Diese Wahl bedeutet Krieg.» Als sie nachfragte, schwieg er und sagte, er wolle sie nicht beeinflussen.

Ein Jahr nach der Machtergreifung besuchte Hitler Hamburg. Die Schulen blieben geschlossen, und die Schüler mussten sich entlang der Strecke vom Flughafen in die Innenstadt aufstellen. Loki schwor sich, den Arm nicht hochzureißen, wenn der Führer vorbeifuhr. Sie und ihre Mitschüler warteten an der Alsterkrugchaussee. Irgendwann hörten sie ein Brausen aus der Ferne, das langsam anschwoll. Als Hitler zu sehen war, ging auch Lokis Arm in die Höhe, sie brüllte und winkte mit, allen guten Vorsätzen zum Trotz. «Ich schämte mich wie nie zuvor in meinem Leben.»[4]

Daheim erzählte sie ihrem Vater davon. Der war durch die Volkshochschule mit den Gedanken des Soziologen Gustave Le Bon und seiner Theorie der Massenpsychologie vertraut. Er erklärte seiner Tochter, dass eine große Menschenmenge ein Eigenleben entwickeln könne, das die Menschen beinahe hypnotisiere, bis sie sich den ansteckenden Gefühlen der Masse ergeben würden. Sie sei einfach mitgerissen worden. «Dann hat er mich in den Arm genommen und gesagt, das soll ich nicht ernst nehmen.»

Zwei kurze, aber ausgesprochen erstaunliche Erziehungserlebnisse: Wenn ein Nazigegner und einfacher Arbeiter wie Hermann Glaser nach dem Wahlsieg der Nationalsozialisten seiner Tochter sagte, er wolle sie nicht beeinflussen, was für ein Zutrauen musste er dann in ihr Urteilsvermögen haben! Und was für eine Lektion gab er ihr mit, als sie sich wegen des hochgerissenen Armes schämte: Selbst ein Individuum mit guten Absichten kann als «Herdentier» mitgerissen werden. Weil das in der Natur des Menschen liegt. Darin vermittelte er eine überaus menschenfreundliche Botschaft: Man darf sich in manchen Momenten selbst verzeihen. Und wer das Prinzip der Massenhysterie begriffen hat, dem mag beim nächsten Mal die eigene Impulskontrolle besser gelingen. Dann ist es leichter, sich nicht anstecken zu lassen und sich zu widersetzen.

Was für ein Vater, der einfache Handwerker Hermann Glaser! Woher hatte er das?

«Ein Klassenkamerad, der meine Eltern kennenlernte, sagte: Also, deine Eltern sind die gebildetsten Proletarier, die ich je getroffen habe.» Mehrfach und immer wieder zitierte Loki diesen Satz.

Wie «anders» die Glasers waren, beschreibt Norbert Michaelis, ein Nachbarsjunge, der in den dreißiger Jahren mit den Glasers im gleichen Haus in Hamburg-Horn wohnte und oft über die Familie staunte.[5] Nicht nur, weil alle malten, schnitzten, webten und musizierten; im Treppenhaus habe man sie oft beim Flöten- oder Geigenspiel gehört. Sondern auch, weil die Glasers keine Christen waren und sich Atheisten nannten: «Sie pflegten das deutlich herauszukehren», etwa weil die Kinder nicht zur Konfirmation gingen, was in einer Nachbarschaft voller Kirchgänger besonders aufgefallen sei. Zugleich seien sie besonders menschlich gewesen, viel hilfsbereiter als andere, die dauernd Bibelsprüche zitierten.

Eine Begegnung mit Lokis Mutter beeindruckte den Jungen besonders: Im Alter von fünf oder sechs Jahren spielte er vor dem Haus Soldat und ballerte mit einem nicht vorhandenen Gewehr herum. «Was tust du denn da?», hörte er Lokis Mutter aus dem Fenster rufen.

«Ich schieß die Feinde tot», antwortete er.

Die «gebildetsten Proletarier, die ich kenne», so hatte ein Schulkamerad Lokis Eltern Gertrud und Hermann Glaser genannt; hier ein Dreigenerationenbild aus dem Jahr 1951 mit Enkelin Susanne.

«Ich finde es aber besser, wenn die Menschen leben», meinte Lokis Mutter, verschwand wieder in der Wohnung und ließ den spielenden Jungen verwirrt zurück.

Die Glasers machten keinen Hehl daraus, dass sie von Hitler nichts hielten. Nie hing eine Hakenkreuzflagge aus dem Fenster – «allein schon damit verhielten sie sich recht kühn», schreibt der ehemalige Nachbarsjunge. Trotz bitterer Armut und der jahrelangen Arbeitslosigkeit des Vaters schlossen sie sich der Euphorie um die Nazis nicht an, sondern hielten deutlich Distanz – in einer Zeit, in der es auch im Haus in der Snitgerreihe zu Hausdurchsuchungen bei Nachbarn kam, weil die den Sozialdemokraten oder Kommunisten nahe standen. Die Glasers blieben davon verschont, aber noch als erwachsene Frau träumte Loki gelegentlich von den schweren Schritten im Treppenhaus, die eine Durchsuchung ankündigten. «Viele Arbeiter, die zum Teil seit mehreren Generationen fest in der politischen Tradition der Sozialdemokratie standen, haben an ihrem Standpunkt festgehalten», so Loki.[6] Ihre vielfältigen Interessen, das Malen, Musizieren und das Engagement für die Kinder, half den Glasers durch die Nazijahre.

Ein wertvolles Gerüst hat Loki von den Eltern mitbekommen: eine starke Richtschnur fürs Leben, bestehend aus Haltung, Bildung und Wissen – nicht nur um Fakten, sondern auch um bittere Armut –, aus Mitmenschlichkeit und Zutrauen in die Fähigkeiten der Tochter. Bescheiden und eng waren die Verhältnisse, aus denen sie stammte – und aus denen heraus sie den sozialen Aufstieg schaffte.

Wie oft wurde das «bescheidene Heim der Schmidts» in Langenhorn beschrieben, voller Erstaunen darüber, dass sie keine Villa an der Alster oder der noblen Elbchaussee bewohnten, dass sie auf güldenen Protz, große Auffahrten und andere Statussymbole verzichteten und stattdessen im Langenhorner Backsteinreihenhaus aus den fünfziger Jahren wohnen blieben. Das Haus war von einem biederen Jägerzaun umgeben, drinnen aber reichten die vollen Bücherwände bis an die Decke, und die Räume waren gefüllt mit Kunst: Bronzeplastiken von Ernst Barlach, Originale von Emil Nolde, Marc Chagall, Bernhard Heisig, Oskar Kokoschka und August Macke, Graphiken von Salvador Dalí, Joan Miró und Pablo Picasso. In Lokis Gewächshaus im Garten wucherten seltene Pflanzen aus aller Herren Länder – botanische Kostbarkeiten, die sie teils von jenen abenteuerlichen Reisen mitbrachte, die sie sich als Kind erträumt hatte.

Loki und ihr Mann besaßen, was beide wollten und brauchten. Sie lebten inmitten von Kunst, Kultur und Natur, wie es ihnen gefiel. Ist es bescheiden, seinen eigenen Ansprüchen und Vorstellungen gemäß zu leben? So zu leben, wie man es sich wünscht? Als bescheiden jedenfalls habe ich Loki nicht empfunden, sondern immer voller Stolz auf das, was sie erreicht hat.

Beschieden hat sie sich nie. Nein, sie wollte: Sie wollte etwas vom Leben und hat, ganz selbstbewusst und dabei charmant, genutzt, was sich ihr bot. Eine gewisse Demut zeichnete sie aus: die Demut, zu nehmen und zu schätzen, was das Leben einem gibt. Als «armer Leute Kind» konnte sie durchaus Unverständnis gegenüber Menschen haben, die ihre Chancen nicht nutzten, sondern einfach verstreichen ließen, Möglichkeiten, die Loki selbst in jungen Jahren gern gehabt hätte.

In der Bonner Zeit ging sie manchmal mit Biologiestudenten auf Exkursion. Einige waren in ihren Augen nicht ernsthaft bei der Sache, sondern eher an einem netten Ausflug interessiert. «Die habe ich dann gefragt – leider muss ich gestehen, dass es vor allem Studentinnen waren –, warum sie eigentlich Biologie studieren. Ja, das kann man ja immer gebrauchen, und wenn ich später mal heirate und Kinder habe … Ich habe dann mit dem Dozenten darüber gesprochen. Der antwortete: Können Sie nicht mit sich vergleichen, die haben Abitur gemacht und wollen einfach ein bisschen studieren. Da habe ich manches Mal an die Zeiten gedacht, als ich nicht Biologie studieren konnte, weil das viel zu teuer war. Das tut einem noch nachträglich weh. Da bekam ich schon ein wenig Wut in den Bauch, auch wenn ich das nicht gezeigt habe.»

Es war eines der wenigen Male, dass ich bei Loki so etwas wie Verärgerung spürte: über jene, die das Glück ihrer Herkunft nicht besser zu nutzen wussten, sondern es vergeudeten.

Augenhöhe:
Frau Mantel und die Queen

Es war einfach, Loki zu begegnen, sie kennenzulernen. Mit großer Offenheit ging sie vom Augenblick aus, von dem, was sich aus dem Moment heraus Interessantes bot. Und schwupps, schon war man mittendrin im Gespräch oder zumindest in einer launigen Konversation.

Natürlich, man konnte durchaus aufgeregt sein, wenn man sie zum ersten Mal traf. Schließlich war es für die meisten nicht selbstverständlich, bei den ehemaligen Bundeskanzlers daheim einzukehren. Auch ich war gespannt, als ich zum ersten Mal im Taxi in den Neubergerweg 80 saß. Sogar manch Hamburger Taxifahrer soll richtig nervös gewesen sein, wenn er einen Fahrgast dort absetzen sollte: So groß war die Hochachtung vor den Schmidts.

Nachdem ich Loki schon einige Mal besucht hatte, stand ein gemeinsames Treffen mit einer Verlagsmitarbeiterin an.

«Keine Sorge, sie macht einem das Kennenlernen ganz leicht», versuchte ich die angespannte Person neben mir zu beruhigen. Sobald man ihr gegenüberstehe, fielen Hemmungen und etwaige Schranken sofort weg. «Seien Sie einfach ganz normal und sagen: Guten Tag, Frau Schmidt, dann wird das schon.»

Als wir ankamen und Loki begrüßten, wurde ich jedoch überrascht. Denn meine Begleitung verneigte sich tief vor Loki, mit den Worten: «Es ist mir eine große Ehre, Sie kennenzulernen, Frau Schmidt.»

Loki reagierte höflich, blieb aber sachlich und für ihre Verhältnisse zurückhaltend. War sie irritiert? Nein, das wohl nicht, wahrscheinlich hatte sie so etwas immer wieder erlebt und ging einfach darüber hinweg. Trotzdem hat sich meine Begleitung auf diese Weise um eine besondere Begegnung gebracht. Sie hatte sich ohne Not vor Loki kleingemacht und fand so in der folgenden Besprechung keinen Draht mehr zu ihr.

Mir fiel eine Episode ein, die Loki mir von einem Staatsbesuch im Oktober 1975 in China erzählt hatte. Mit ihrem Mann zusammen war sie in Peking auf den greisen Mao Zedong getroffen. Nachdem sie sich die Hand geschüttelt hatten und ein Gruppenbild aufgenommen worden war, wurde Loki herausgebeten, während ihr Mann, der Bundeskanzler, sich mit dem einundachtzigjährigen Revolutionär unterhielt. Mao war da noch immer der Vorsitzende der Kommunistischen Partei Chinas und wurde wie ein Heiliger verehrt.

Loki unterhielt sich währenddessen mit der Frau des chinesischen Botschafters in Bonn, die im Auto auf sie gewartet hatte. Sie fragte Loki nach der Begegnung mit dem «Großen Vorsitzenden», und als sie erfuhr, dass sie ihm die Hand gegeben hatte, ergriff die Botschaftergattin voller Ehrfurcht Lokis Hand und küsste sie. Für Loki «ausgesprochen verstörend».

Über dreißig Jahre war das her, und Loki schüttelte noch immer missbilligend den Kopf über diesen Personenkult. Wie konnte man einen anderen Menschen derart glorifizieren? Eine solche Ehrfurcht vor ihrer Person ließ sie gar nicht erst aufkommen. Das wollte sie nicht, wieso auch?

Im Gegenteil, sie liebte den alltäglichen und mitunter etwas schnodderigen Umgang, der nichts mit mangelndem Respekt zu tun hatte. Einmal, im Winter, saßen wir im Wohnzimmer, weil es in der kleinen Bibliothek, in der wir uns sonst trafen, zu kühl war. Gleichzeitig werkelte ein Handwerker im Flur und wartete den Treppenlift, der in die oberen Etagen führte. Loki hielt es nicht lange auf dem Sofa; bald lief sie mit ihrem Rollator nach draußen und löcherte den Mann mit Fragen über seine Arbeit und das Wunderding Treppenlift, von dem sie fasziniert war, weil er ihr selbstbestimmte Mobilität im Haus ermöglichte. Sie wollte alles wissen über Zahnräder und Ketten, Schrauben und Halterungen.

Irgendwann meinte sie: «Ach, ich halte Sie ja nur von der Arbeit ab mit meinen dummen Fragen.»

Und was antwortete der Monteur?

«Das bin ich doch von Ihnen gewohnt, Frau Schmidt. Letztes Mal sind Sie mir auch schon zwischen den Beinen rumgesprungen wie ein junger Hund.»

Da stand also die fast einundneunzigjährige Loki Schmidt und hielt sich an ihrem Gehwagen fest, mit ihrem leicht zitternden Kopfwackeln, von dem sie betonte, dieser Tremor habe nichts mit Parkinson zu tun, Thomas Mann habe Ähnliches schon in «Lotte von Weimar» beschrieben. Da stand sie also, die Ehefrau des ehrwürdigen Altbundeskanzlers Helmut Schmidt, mehrfache Ehrendoktorin, Ehrenprofessorin und Ehrenbürgerin der Hansestadt Hamburg – und als der Monteur sie mit einem jungen Hund verglich, der zwischen seinen Beinen rumsprang, freute sie sich.

Genau das, dass man so mit ihr reden konnte, bei jeder stinknormalen Alltagsbegegnung, wollte sie, genau das machte ihr «ausges-prochen S-paß». Den spontanen Kontakt mit Menschen konnte sie genießen. Auf Augenhöhe. Und sie lud mit ihrem Wesen dazu ein.

Die Ausstrahlung ihres Mannes war anders, das offen zu einer solchen Begegnung am Rande Einladende war ihm nicht gegeben. Er galt als durchaus schroff und knorrig, manchmal reizbar und abweisend. Nur zu gut erinnere ich, wie ich ihn das erste Mal in seinem Haus traf. Meistens waren Loki und ich allein, wenn wir arbeiteten: Dann hatten wir «sturmfreie Bude», wie sie das nannte. Ihr Mann war dann gerade in die «Zeit»-Redaktion aufgebrochen, wenn ich um elf Uhr ankam; manchmal begegneten wir uns bei seiner Abfahrt und ich winkte ihm kurz zu.

An jenem Tag saßen wir wie meist im Arbeitszimmer, das etwas abseits lag, bei Kaffee und Keksen und Zigaretten für Loki natürlich, und besprachen, was wir uns für diese Sitzung vorgenommen hatten. Da hörte ich im Hintergrund, zwei Zimmer weiter, wo das Arbeitszimmer des Altkanzlers lag, ein Rascheln. Gefolgt von tiefem Grummeln, rasselndem Husten und Räuspern.

Heute hatten wir also nicht sturmfrei. Weil Helmut Schmidt extrem schwerhörig war, würde er von unseren Gesprächen nichts mitbekommen, das war mir gleich klar. Und doch schwappte seine Autorität durch zwei Zimmer bis zu mir herüber. Sogleich hatte ich des Altkanzlers examinierendes Wesen im Sinn, seine hustende Präsenz schüchterte mich wirklich für kurze Augenblicke ein, und ich fühlte mich gehemmt, so locker weiterzureden wie zuvor. Was würde er wohl denken, wenn er mich jetzt hörte? Weil Loki den Raum verließ, um nach ihrem Mann zu schauen, von dem ich erfuhr, dass er gerade etwas kränkelte, bemerkte sie meine Irritation nicht. Und als sie zurückkam, hatte ich mich auch schon wieder gefangen, ein wenig verwundert über mich selbst und darüber, den Unterschied zwischen beiden so deutlich gespürt zu haben.

Dabei wusste ich: In Hamburg legt man keinen Wert auf Titel; auch ein Helmut Schmidt wollte nicht «Herr Bundeskanzler» genannt werden, schon gar nicht daheim. Einfach «Herr Schmidt», darauf legte er Wert. Und doch unterschied er sich in diesem Punkt sehr von seiner Frau, die zeitlebens gern spontan Menschen kennenlernte und in direkten Kontakt trat, den sie genoss.

Dafür setzte sie sich auch mal übers Protokoll hinweg, wie 1979 bei einem Staatsbesuch in Japan. Die Protokollbeamten hätten damals schön blöd geguckt, sagte sie und erzählte, wie sie als Gattin des Bundeskanzlers den japanischen Kaiser Hirohito traf. Bei einem festlichen Bankett saß sie neben dem Tenno, einem Mann, der für sein Volk einmal ein Gott gewesen war: Hirohito hatte 1926 den Thron noch als «Erhabener des Himmels», als «Gottkaiser» bestiegen, nach der Niederlage Japans im Zweiten Weltkrieg aber offiziell seiner Göttlichkeit entsagt. Der eher scheue Mann hat wohl nie selbst an sein überirdisches Wesen geglaubt, er war Wissenschaftler, ein angesehener Meeresbiologe, der in seinem Palast ein Laboratorium eingerichtet und sich mit seinen Publikationen einen Namen als Quallenexperte gemacht hatte.

Bei diesem Bankett ging es sehr förmlich zu, und Loki hatte zuvor strenge Anweisungen bekommen: «Die beiden Protokollchefs, der deutsche und der japanische, sagten, die Kaiserliche Hoheit darf man nicht ansprechen, sondern man muss warten, bis er das tut. Neben mir saß also dieser alte, gebrechliche Mann und schlürfte seine Suppe. Aber ich wusste ja, was ihn als jungen Mann interessiert hatte.»

Denn in der Schulzeit hatte Lokis Lieblingslehrerin sie manchmal mit interessanter biologischer Fachliteratur versorgt – darunter ein Aufsatz über Fische aus der Feder des Kaisers Hirohito. Und damit lockte sie den Tenno ins Gespräch.

«Ich habe ganz leise gefragt, ob er sich immer noch für Fische interessierte. Die Veränderung in dem alten Mann war unglaublich. Er saß plötzlich gerade, strahlte mich an und fragte, woher ich das wüsste. Und da habe ich ihm erzählt, dass ich als junge Frau jenen Artikel gelesen habe. Dann kam der nächste Gang, und wir haben beide nicht viel gegessen, aber er hat erzählt und erzählt, und dann sagte er: ‹Stellen Sie sich vor, mein Sohn interessiert sich auch für Fische. Vorige Woche hat er in der verdreckten Tokioter Bucht noch eine neue Fischart entdeckt.› Man merkte dem Vater an, wie stolz er auf seinen Sohn war.

Ob ich mich auch für Fische interessiere, hat er mich gefragt. Nicht so sehr, antwortete ich, ich interessiere mich mehr für Pflanzen. Und ich erzählte ihm von meiner Stiftung, die da schon gegründet war. Dann war das Essen zu Ende, und der Kaiser verabschiedete sich. Kaum war er weg, rasten die beiden Protokollchefs auf mich los: ‹Das haben wir ja noch nie erlebt, dass der Kaiser so lange mit jemandem geredet hat. Worüber haben Sie sich denn unterhalten?› Über Fische, habe ich geantwortet. Nachmittags kriegte ich vom Protokoll eine Einladung, ob ich mir die private Bonsaisammlung des Kaisers angucken wolle. Das habe ich dann als Belohnung obendrauf gekriegt.»

Loki hatte beim Bankett den Schlüssel gefunden, um mit dem schweigsamen, scheuen Tenno ein wirkliches Gespräch zu beginnen, sie hat ihn zu fassen gekriegt und ein bisschen hinter seine formelle Fassade schauen können. Hilfreich dabei war ihr gutes Gedächtnis. Ihre vielfältigen Interessen schufen Verbindungspunkte zu vielen unterschiedlichen Menschen: Unabhängig von Herkunft und sozialer Stellung schaffte sie es, Barrieren abzubauen und sich mit beinahe jedem auszutauschen.

Zwischen der Rolle eines Menschen und der Person dahinter zu unterscheiden, das war ihre besondere Begabung. Beidem galt ihr Respekt, und doch musste man es auch voneinander trennen können. Auf Augenhöhe mit jemandem zu sein, mit wem auch immer, bedeutete für Loki, beide Seiten zu sehen und ernst zu nehmen. Sie kam, jenseits von «oben» und «unten», auf der Ebene des Menschlichen mit anderen zusammen.

So erlebte ich es von Anfang an bei unserem Buchprojekt. Einen Ghostwriter wollte sie nicht; ein solches Buch hätte sie als unecht empfunden. Sie schrieb dieses Buch unter der Bedingung, dass wir beide gleichermaßen darin erkennbar waren, mit unserer jeweils eigenen Sprache, mit jeweils eigenen Gedanken. Darauf bestand sie, und es war ihr ernst damit, das weiß ich heute.

Dieses Miteinander auf Augenhöhe praktizierte Loki auch mit jenen «unvermeidlichen Begleitpersonen», die sie seit den Bonner Jahren niemals und nirgendwo allein ließen. «Nach dem Willen der Schmidts bildeten wir eine große Familie», schreibt Günter Warnholz, einer von Lokis langjährigen bewaffneten Sicherheitsbeamten.[1] Das war eine klare Entscheidung: Jahrelang rund um die Uhr von Sicherheitsbeamten begleitet, ja, beschattet zu werden, das funktionierte nur mit einer herzlichen, persönlichen Beziehung zueinander. Als ihr erster Sicherheitsbeamter ein paar Meter hinter ihr ging, habe sie ihm bald gesagt: «Wir gehen doch ohnehin den gleichen Weg, dann lassen Sie uns doch auch nebeneinander gehen.»[2]

Auf diese Weise entstanden langjährige vertrauensvolle Beziehungen. Lokis Naturliebe färbte ab. Ein Beamter wurde Mitglied im Seevogelschutzverein Jordsand, ein anderer pflegt noch heute Flächen ihrer Stiftung im Wendland, auf denen bedrohte Küchenschellen wachsen. Auch Loki ließ sich anregen: Auf Drängen von Günter Warnholz machte sie 1977 – im Alter von achtundfünfzig Jahren – das Deutsche Sportabzeichen. Auch das Tischtennisspielen brachten die Beamten ihr bei, bei einem Silvesterurlaub auf Mallorca Mitte der siebziger Jahre. «Frau Schmidt, die noch nie an der Platte gestanden hatte, wurde nun von uns, ihren Sicherheitsbeamten, in die Lehre genommen.» Loki hatte es schnell raus: «Schon nach kurzer Zeit hatte Frau Schmidt so dazugelernt, dass wir uns anstrengen mussten, um zu gewinnen. Häufig ging das Spiel unentschieden aus. Oft hatten wir den Eindruck, Frau Schmidt ließe uns absichtlich gewinnen, um etwas für unser Selbstbewusstsein zu tun», erinnert sich Warnholz.

Ob das nun stimmt oder nicht, mit Tricks wie diesem erreichte sie die Menschen: sich zurücknehmen und dem anderen Raum geben, sodass er leichter zu ihr aufschloss.

Wer kniet denn da? Vor gekrönten Häuptern mochte Hanseatin Loki auch als Bundeskanzlergattin weder einen Knicks machen noch sich verbeugen. Für ihre geliebten Blumen aber ging sie selbst im feinen Kleid zu Boden – hier im Garten des Bonner Palais Schaumburg.

Ihre geradlinige Sprache, die sie als Grundschullehrerin verinnerlicht hatte und die sie gern «Plapperplapper» nannte, tat ein Übriges. Als ungekünstelt und nahbar wurde sie auch in der Öffentlichkeit wahrgenommen – und dafür geliebt, gerade an der Seite des unnahbaren Weltenerklärers Schmidt: «Ich bin sein Lieschen Müller», pflegte sie zu sagen. Ein Understatement natürlich – das ihren Mann ein wenig auf Augenhöhe mit dem Volk brachte.

«Bald habe ich erfahren, dass alle Menschen wie du und ich sein sollten. Gewiss, bei speziellen Anlässen muss ein gewisser Kodex eingehalten werden. Wenn man jedoch nach dem kühlen, offiziellen Teil eines Empfangs an das allgemein Menschliche rührt, dann sind alle dankbar.»[3] So ging es Loki selbst bei einer ihrer Begegnungen mit der Queen, als diese sie nach ihrer Tochter Susanne fragte. Denn die lebe doch auch in England, ob sie sich dort wohlfühle? «Ich habe mich über diese Frage gefreut, denn sie zeigt, dass Königin Elisabeth auch als Mutter fühlt.»[4]

Wann immer sie der Queen begegnete, hielt Loki sich an das strenge Protokoll – bis auf eine Ausnahme: Einen Hofknicks habe sie nie gemacht. Der widersprach Lokis republikanischer Grundhaltung, sie verwies gern auf die alte Tradition der «Freien und Hansestadt Hamburg» als eigenständige Stadt: «In Hamburg kniet man nicht.»

Schon als Kind habe sie diese «schöne Geschichte» gehört – und zwar im Großen Festsaal des Rathauses. Dort hat der Künstler Hugo Vogel auf mehreren Wandgemälden die Geschichte Hamburgs dargestellt – auch die Christianisierung durch Ansgar, den «Apostel des Nordens», Benediktinermönch und Erzbischof von Hamburg: «Auf der einen Langseite des Saals können Sie eine Szene sehen, wo der heilige Ansgar – natürlich in Gold und Glitzer – die Hände zum Segen hoch hält, und einige von seinen Getreuen stehen neben ihm. Aber wenn man guckt, wo er segnend die Hände hinhält: Da ist gar nichts. Auf dem Bild kniete früher tatsächlich ein Mann mit gesenktem Kopf, der vom Bischof getauft werden sollte. Aber da haben die Ratsherren gesagt: Wir sind eine freie Stadt, und so was wollen wir hier im Rathaus nicht haben. Also ist das übermalt worden, nur die segnenden Hände sind noch da. Mit einem leichten Grienen gucke ich mir das immer an.»

Mit Knicksen also konnte sie als stolze Hamburgerin nicht dienen, zumindest nicht vor der Queen oder anderen gekrönten Häuptern. «Guten Tag, Frau Mantel», sagte sie als kleines Mädchen jedes Mal, wenn sie *Alchemilla vulgaris* sah und sich mit einem Knicks vor dem Frauenmantel verbeugte. Diese Pflanze hatte es ihr besonders angetan: «Meine ersten Worte, die ich gesagt haben soll, waren Papa, Mama – und Frau Mantel.»

Wegen der gezackten Blätter, auf denen oft kleine Wassertropfen funkelten, war ihr die kaum vierzig Zentimeter hohe Pflanze schon früh aufgefallen. «Zu einer Rose muss man hochgucken. Eine Rotbuche oder Sonnenblume, die sind noch weiter weg. Dass ein kleines Kind sich unbedingt einen Frauenmantel aussucht, das hängt sicher erst mal mit der Augenhöhe zusammen», so erklärte sie sich das.

Eine Hamburgerin kniet nicht? Von wegen, es hängt nur von den Umständen ab: Selbst die stolze Hanseatin Loki konnte Ausnahmen machen, belegt durch eine Fülle von Fotos. Um Pflanzen zu betrachten, die am Boden wuchsen, kniete sie sich gerne hin – und begegnete ihnen auf Augenhöhe.

Heimat Hamburg: Knackwurst in Papier

Damit habe ich gerne angegeben», sagt Loki, als ich sie nach ihrer Heimatstadt fragte. Dass Hanseaten dick auftragen, ist bekanntlich selten, umso gespannter war ich zu erfahren, worauf sie so stolz war.

«Wir haben in Hamburg eine Pflanze, die nur hier vorkommt, den Schierlings-Wasserfenchel. Den kennen Sie, oder?»

Als ich verneinte, tat sie empört. Der Wasserfenchel gehöre gewissermaßen zur Grundausbildung eines jeden Hamburger Biologen; auch als Zugezogener sollte ich ihn kennen.

«Was ist denn so besonders an der Pflanze?»

«So besonders ist sie nun auch wieder nicht.» Dem ersten Protzen folgte hanseatisches Understatement. «Von weitem sieht der Schierlings-Wasserfenchel ein bisschen aus wie eine Hanfpflanze, hat unscheinbare weiße Blüten, ist nicht giftig und kann bis zu zwei Meter hoch werden. Und wächst vor allem nur um Hamburg herum.»

Mit dieser Pflanze waren wir nicht nur rasch bei den Lebensräumen in und um Hamburg herum gelandet, sondern bald mitten in der Geschichte von Lokis Heimat – und bei dem, was Hamburg und einen richtigen Hanseaten ausmacht. Das Schicksal des Schierlings-Wasserfenchels nämlich – und das lässt ihn wirklich als etwas Besonderes erscheinen – hängt wie das der ganzen Stadt von der Elbe ab. Beide haben etwas gemeinsam: Die Pflanze und die große, reiche Metropole existieren nur dank des Flusses.

Obwohl dessen Mündung in die Nordsee um die hundert Kilometer entfernt ist, erlebt man jeden Tag mitten in Hamburg zweimal Ebbe und Flut. Die Meeresflut drückt eine Welle aus Süßwasser den Strom hinauf und lässt den Pegel am Hafen um zwei, drei Meter steigen.

Dank der Gezeiten entstand hier über Jahrtausende ein eigener Lebensraum, das Süßwasserwatt, das es in Deutschland nur entlang ganz weniger Flüsse gibt – vor allem an der Elbe. «Offenbar hat sich der Schierlings-Wasserfenchel dem Wechsel angepasst und lässt sich zweimal täglich überschwemmen.» Er kann mit diesem Wechsel leben – er braucht ihn sogar.

So wie die ganze Stadt nur mit der Elbe leben kann.

«Über ‹Hamburg an der Elbe Auen› haben wir schon als Kinder gesungen. Ach, die Hamburg-Hymne kennen Sie bestimmt auch nicht, oder?»

Bis dahin kannte ich sie nicht, aber das verband mich mit vielen eingeborenen Hamburgern, die ich danach fragte. Die erste von sieben Strophen geht so:

Stadt Hamburg an der Elbe Auen,
wie bist du stattlich anzuschauen
mit deiner Türme hoch Gestalt
und deiner Schiffe Mastenwald.

Heil über dir, Heil über dir, Hammonia, Hammonia!
O wie so herrlich stehst du da.

Als gebürtiger Mainzer war ich selbst durchaus lokalpatriotisch angehaucht, und so amüsierte es mich, wie die stolze Hansestadt ihre fehlende altrömische Geschichte durch ein latinisiertes «Hammonia» auszugleichen versuchte. Aber auch Loki sah die Hymne nicht so bierernst: «Wir haben uns als Kinder ein bisschen darüber lustig gemacht – ‹Heil über dir, Knackwurst in Papier, Hammonia› – und das Lied laut mit ganz ernsthaftem Gesicht gesungen. Es war uns einfach zu pathetisch. Und doch war uns dabei feierlich zumute, diese Mischung habe ich heute noch. Das ist ein Lokalpatriotismus, auf den man in Hamburg ja häufiger mal stößt.»

Über ihre Heimatstadt sprach Loki oft, es ergab sich aus vielerlei Themen. So nahm sie mich – am Tisch in Langenhorn – mit auf Exkursionen durch ihr geliebtes Hamburg. Seither gehe ich anders durch die Stadt. Dank unserer Geschichtsstunden entdecke ich überall die Spuren der Historie und schaue auf altbekannte Gebäude mit jenem zugeneigt-eigensinnigen «Loki-Blick», der lokalpatriotisches Pathos immer wieder selbstironisch abmilderte.

«Mein Vater hat mit mir viel Architektur angeguckt. Ich konnte das Rathaus nicht ausstehen in diesem nachgemachten Stil. Auch die Speicherstadt, das war doch Kitsch in höchster Potenz. Nachgemachte Baustile, das war unter meiner Würde – als Kind. Die habe ich erst später geschätzt – nein, schätzen ist zu viel gesagt – also liebevoll totgeduldet.»

Beeindruckt war Loki von Hugo Vogels bereits erwähnten Wandgemälden im Großen Festsaal des Rathauses: «Diese riesigen Kitschbilder haben sich Generationen von Kindern angeguckt, wenn da vorn Reden gehalten wurden und es etwas langweilig war.» Sie stellen die Entwicklung und Geschichte Hamburgs dar, beginnend mit Öde und Wildnis, dem Urzustand der ungebremsten Elbe nach der letzten Eiszeit mit lauter Mooren. Auf dem zweiten Gemälde besiedeln vorchristliche Fischer und Bauern die Auen und machen sie urbar; dann folgt die Missionierung der Früh-Hamburger durch Bischof Ansgar, der mit seinen Händen ins Leere segnet. Dem Aufschwung, als die Hansestadt Hamburg dank des Seehandels zum Tor zur Welt wurde, ist das vierte Bild gewidmet. Das letzte zeigt den schon fast modernen Hafen um 1900 und den Wandel durch die industrielle Revolution: Im Hintergrund fahren noch Segelschiffe auf dem Strom, doch in den Werften werden schon große Dampfer und erste Ozeanriesen gebaut.

«Ein Stück rührende Stadtverherrlichung» nannte Loki diesen Abriss der Hamburger Geschichte. «Die Hamburger waren immer sehr stolz auf ihre Kaufmannschaft. Und nicht nur das, sie waren auch stolz auf die prächtig angelegten Gärten, die der städtische Wohlstand ermöglichte», betonte sie. Ein Relikt dieser Zeit ist das «Moller-Florilegium», eine prächtige Anthologie im ursprünglichen Sinne des Wortes: eine «Sammlung von Blumen», die bei den Schmidts im Esszimmer lag. Der Hamburger Blumenmaler Hans Simon Holtzbecker hatte im 17. Jahrhundert im Auftrag des Ratsherrn und Bürgermeisters Barthold Moller dieses kunstvolle Album angefertigt, das die Blütenpracht in dessen Lustgarten dokumentierte. Das «Florilegium»

Was Loki schon als Kind aus den Bildern Hugo Vogels lernte: Ein Bürger ihrer Heimatstadt bleibt gegenüber der Obrigkeit stets aufrecht. Deshalb muss der heilige Ansgar im Festsaal des Hamburger Rathauses auch ins Leere segnen. Ein ursprünglich vor ihm kniender Ur-Hanseat wurde übermalt.

galt als verschollen, bis um die Jahrtausendwende drei der fünf ursprünglichen Folianten wieder auftauchten und eine Auswahl der schönsten und spektakulärsten Blüten und Früchte veröffentlicht wurde. Während Loki von Hamburgs Gartengeschichte erzählte, blätterten wir in dem dicken Band.

Kurz bevor das «Florilegium» entstand, brach in Holland die «Tulpomanie» aus: Um 1630 herum investierte jeder Holländer, der etwas auf sich hielt, sein Geld in die neuen, exotisch anmutenden Pflanzen. Mit Tulpenzwiebeln wurde spekuliert, sie wurden auf Auktionen gehandelt, und die Preise stiegen und stiegen, bis eines Tages für eine Zwiebel zehntausend Gulden geboten wurden. Das jährliche Durchschnittseinkommen eines Niederländers lag damals bei hundertfünfzig Gulden. 1637 platzte dann erstmals in der Geschichte eine Spekulationsblase: Es fanden sich keine Käufer mehr, die die Zwiebeln zu den immer horrenderen Preisen ersteigern wollten, der Markt brach in sich zusammen.

Auch die reichen Hamburger legten zu dieser Zeit in der Innenstadt kleine Gärten an, in denen elegante Tulpen und majestätische Lilien ihren Platz hatten. Ausländische Pflanzen waren heißbegehrt. «Ich würde mal sagen, man hatte vielleicht zum Garten das Verhältnis, das heute jemand zu einem Super-Mercedes hat, der vor der Tür steht. Ein büschen Angeben ist bestimmt auch bei Herrn Moller dabei gewesen.»

Um 1660 beauftragte Barthold Moller den Künstler Hans Simon Holtzbecker damit, jede einzelne seiner Pflanzen zu malen. So sorgten ein Pflanzenfreund als Bürgermeister – jener übrigens, der den Grundstein für ein Hamburger Wahrzeichen legte, die Michaeliskirche, bekannter als «Hamburger Michel» – sowie der wirtschaftliche Aufschwung der Stadt für ein frühes botanisches Meisterwerk, gemalt nach der Natur.

Überhaupt hat Hamburg eine durchaus bedeutungsvolle Tradition in der Naturkunde, die ebenfalls im Handel und in der Frühzeit der Globalisierung begründet liegt. Aus aller Welt brachten Seefahrer Pflanzen, Früchte und Tiere mit; später wurden gezielt «Pflanzenjäger» und Tierfänger ausgeschickt, um Schaustücke für Museen und Parks zu beschaffen. Dank des großen Hafens war Hamburg ein Umschlagplatz des Welthandels – auch mit biologischen und lebenden Gütern. Im Unterschied zu anderen deutschen Städten entsprangen diese Ausstellungen nicht den Kuriositätenkabinetten von Königen und Fürsten, sondern waren eine Errungenschaft der Bürgerschaft: Reeder, Kapitäne und Kaufleute trugen die exotischen Sammlungen zusammen.

1843 wurde das Naturhistorische Museum gegründet, das später in ein großes Gebäude in der Nähe des Hauptbahnhofs zog und nach dem Berliner Naturkundemuseum das größte seiner Art in Deutschland wurde – eine «Kathedrale des Wissens». Es gab außerdem die private Naturaliensammlung des Kaufmanns Johan Cesar Godeffroy und das Botanische Museum mit einer eindrucksvollen siebzehn Meter hohen Würgefeige, die Loki als Schülerin bestaunte und die heute im Loki-Schmidt-Haus, im Museum für Nutzpflanzen, in voller Größe ausgestellt ist.

Zwanzig Jahre nach dem Naturhistorischen Museum öffnete der Zoologische Garten seine Pforten, dessen erster Direktor der berühmte Naturkundler und Autor

Alfred Brehm wurde. Das war der Zoo aus Lokis Kindheit: «Hyänen, Tiger und auch Löwen habe ich dort als Kind in engen, dunklen Käfigen hinter schmiedeeisernen Gittern hin und her wandern sehen und auch Trauerschwäne, die ich sehr imposant fand. Der Zoo war so, wie man sich heute einen schlechten Zoo vorstellt: kleine Gehege, kein Freiraum.»

Schon 1930 musste der Brehm'sche Zoo wieder schließen. Heute kann man nur noch erahnen, wo er lag, im jetzigen Planten un Blomen nämlich, wo in der Nähe noch die unauffällige Tiergartenstraße an den Ursprung des heutigen Parks erinnert. Besiegelt worden war sein Schicksal durch den 1907 eröffneten Tierpark des Fischhändlers Carl Hagenbeck, den weltweit ersten Zoo, der ohne Gitter auskam und Tiere in halbwegs natürlicher Umgebung zeigte. Hagenbeck zog die Hamburger an: «Wir wohnten auf der anderen Seite der Stadt, da konnten wir nicht zu Fuß hingehen, sondern mussten auch noch Fahrgeld haben. Aber dann kam die große Überraschung, dass man die Tiere sich so frei bewegen und nicht nur hinter Gittern in kleinen Boxen sehen konnte.»

Auch «Hagenbeck» geht auf die Elbe und den Hafen zurück: Zunächst stellte Carl Hagenbeck ein paar Seehunde auf dem Spielbudenplatz in St. Pauli aus. Weil das ein kommerzieller Erfolg war, baute er seine Menagerie immer weiter aus, «erfand» schließlich den modernen Zoo – seine gitterlosen Freianlagen revolutionierten das Konzept der Tiergärten weltweit – und rüstete als Tierhändler Expeditionen in alle Welt aus.

«In Hamburg haben wir wegen des Hafens sicher mehr mitbekommen als anderswo, auch mit den ganzen Containern kam vieles ungewollt hierher, allein schon an Pflanzensamen.» Die Kisten wurden auf Züge umgeladen, exotische Sämereien dabei vom Winde verweht. Sie keimten entlang der Bahnstrecken: «Ich erinnere noch von Kinderzeiten, dass an den Schienensträngen besonders interessante Pflanzen wuchsen.»

Später reihte Loki sich selber in jene Reihe von Weltreisenden ein und brachte Pflanzen oder Samen mit, die bis heute im Botanischen Garten gedeihen, ob aus der Antarktis, aus Amazonien oder dem heißen Sinai, wo im Katharinenkloster der brennende Dornbusch verehrt wird, aus dem heraus Gott zu Moses sprach. Weil die Mönche damals Lokis Interesse bemerkten, schenkten sie ihr einen Ableger dieser Brombeerart: «Ich steckte ihn nachher in eine Wasserflasche – schallendes Gelächter ringsrum. Mir wurde bedeutet: Das haben schon viele versucht, der brennende Busch wächst aber nur bei uns! Ich habe mich aber nicht abhalten lassen, und als wir endlich wieder in Hamburg waren, bin ich sofort im Botanischen Garten vorbeigefahren und verkündete: Ich habe ein Stück vom brennenden Dornbusch. Ein Gärtner hat vorgeschlagen, diese Strippe in drei Teile zu teilen – alle drei sind angewachsen.»

Mit Eifer knüpfte Loki an diese Linien an: Das Naturhistorische Museum war 1943 im Krieg völlig zerstört worden. Einige der einzigartigen Sammlungen waren vor den Luftangriffen des Zweiten Weltkriegs evakuiert und somit gerettet worden; bis heute lagern allein zehn Millionen zoologische Objekte unschätzbaren wissenschaftlichen Werts in den Depots der Hamburger Universität, dazu hunderttausend Fossilien, neunzigtausend Mineralien. Loki war Schirmherrin einer Initiative, die alle Sammlungen wieder

Mit s-pitzer alveolarer Zungens-tellung und Schirmmütze «Modell Elblotse» – das Ehepaar Schmidt war hanseatisch durch und durch, unverwechselbar «Hamburch».

zusammenfassen wollte, dieses neu zu schaffende Museum sollte ein ähnlicher Publikumsmagnet werden wie das im Krieg zerstörte. Sie wollte eine «große Lösung», etwa den Kaispeicher A, auf dem heute die Elbphilharmonie thront. Nachdem sie sich über ein Jahrzehnt dafür engagiert hatte, aber das Projekt noch immer nicht finanziert war, zog Loki 2003 endgültig einen Schlussstrich unter ihr Engagement. Mittlerweile nimmt die Universität den von Loki und anderen Naturfreunden gesponnenen Faden wieder auf und will die Stadt endlich von dem Projekt überzeugen: ganz im Sinne der langen hanseatischen Kaufmannstradition, die im Hafen und der Elbe begründet liegt.

Dank Lokis großer Gabe, das eine mit dem anderen, gerade Erlebtes mit der Geschichte des Landes oder der Welt zu verknüpfen, gelangten wir von der Elbe und dem Hafen zur Alster, dem prägenden Gewässer der Innenstadt, das eigentlich ein aufgestauter Nebenfluss der Elbe ist: «Die Gezeiten gehen bis in die Stadt, bis ans Rathaus und an die Alsterarkaden, aber dann ist Schluss, etwa bei dem von mir sehr geliebten Barlach-Denkmal.» Das war ein Themenwechsel nach echter Loki-Art: Plötzlich richtete sie den Blick auf etwas ganz anderes, das ihr ebenso wichtig war.

Ernst Barlach, der expressionistische Bildhauer und Zeichner, war im Hause Schmidt besonders geschätzt. Im Esszimmer steht eine Skulptur des Künstlers; Lokis fünfundachtzigster Geburtstag wurde bei einem Empfang im Barlach-Haus im Hamburger Jenischpark gefeiert – beide Schmidts mochten schon als Schüler die Expressionisten, die von den Nazis als «undeutsch» und «entartet» bezeichnet wurden.

Im Barlach-Denkmal, einer einundzwanzig Meter hohen grauen Stele aus Muschelkalk, steckt viel von der jüngsten Geschichte Hamburgs, die Lokis Leben so sehr prägte. Der Hamburger Senat hatte 1929 einen Wettbewerb für ein Ehrenmal zur Erinnerung an die im Ersten Weltkrieg gefallenen Soldaten ausgeschrieben. Hamburgs Oberbaudirektor Fritz Schumacher schätzte die Arbeit Ernst Barlachs, der vor den Toren der Stadt, in Wedel, geboren worden war, und brachte ihn mit dem Gewinner des Wettbewerbs zusammen, dem Hamburger Architekten Klaus Hoffmann. Barlach schuf für eine Seite des Ehrenmals das große Relief einer trauernden Mutter, die ihr Kind im Arm hält: beide erfüllt von tiefem Leid, sich gegenseitig tröstend. Auf der anderen Seite der Stele steht gemeißelt: «Vierzigtausend Söhne der Stadt ließen ihr Leben für Euch. 1914–1918».

Schon vor der Einweihung im Jahre 1931 sorgte die Stele für großen Wirbel: Sie betone zu sehr den Schmerz und Verlust sowie den Gram der Hinterbliebenen, nicht aber die Heldentaten der deutschen Soldaten. Das Relief galt daher als unmännlich und pazifistisch.[1] Als am 3. August 1931 eine Delegation des Senats das Denkmal enthüllte, geschah dies ohne Publikum. Schumacher schrieb später: «Als am Jahrestag des Kriegsbeginns früh morgens die Hüllen fielen, hinter denen man gemeißelt hatte, blieb Hamburg stumm. Die Presse nahm nur von abfälligen Urteilen Notiz, bestenfalls hüllte sie sich in Schweigen.»[2] Weil zur selben Zeit das Reiterstandbild Kaiser Wilhelms I. vom Rathausmarkt entfernt worden war, wertete man das neue Denkmal als Affront des sozialliberalen Senats gegen die Rechtsparteien.[3] Es fehle der «Ausdruck der Kraft, des

Stolzes und des Willens, über den Verlust des Krieges hinwegzukommen».

In der Bürgerschaft verunglimpfte die Deutschnationale Volkspartei das Mahnmal: «Denken Sie daran, dass vielleicht dreihunderttausend Hamburger Wähler dieses Denkmal von Barlach nicht wünschen. Sie wünschen es nicht, dass dort Figuren mit ostischen Gesichtszügen angebracht werden. Barlach ist gar nicht in der Lage, eine deutsche Frau, wie sie sein müsste, zu zeichnen, viel weniger in Stein zu schlagen.»[4] Die Nazis beseitigten das verhasste Relief 1938 und ersetzten es durch einen aufsteigenden Reichsadler. Im gleichen Jahr starb Ernst Barlach. Seit 1949 erinnert eine Replik der Stele an die Gefallenen beider Weltkriege und an die Verrohung der Sitten im Dritten Reich: Das von den Nazis zerstörte und von Loki «sehr geliebte» Relief Barlachs wurde im Auftrag des Hamburger Senats rekonstruiert.

«Eines Morgens im Juli ging die Sonne in Kühlungsborn blutrot auf. Ein merkwürdiger Dunst lag über der Landschaft, den die Sonne nicht recht durchdringen konnte.»[5] Den Sommer 1943 verbrachte die junge Lehrerin Loki Schmidt an der Ostsee, weil ihr Mann zum Schießplatz Rerik kommandiert worden war. Helmut Schmidt war schon im Januar 1942 als Flak-Leutnant von der russischen Front zurückgekehrt und seither im Luftfahrtministerium in Berlin eingesetzt. Die «Operation Gomorrha», die umfassenden Luftangriffe der Alliierten auf Hamburg, erlebte sie aus der Ferne. «Mittags kamen erste Gerüchte auf, dass die Stadt nachts bombardiert worden sei. Aber niemand wusste Genaueres. Nachmittags war die Sonne noch immer verschleiert; wir hatten jedoch inzwischen erfahren, dass es Rauchwolken waren, die von unserer schwer zerstörten Heimatstadt so weit herübergezogen waren.»

Während des Feuersturms starben vierzigtausend Menschen, neunhunderttausend flohen aus der glühenden Trümmerwüste. Große Teile Hamburgs waren zerstört, hauptsächlich die dicht besiedelten Arbeiterviertel, in denen Lokis Verwandte lebten. Die Sorge war groß. «Helmut wollte am nächsten Tag versuchen, dorthin durchzukommen, während ich schweren Herzens in Kühlungsborn blieb.»

Erschüttert kam er nach einigen Tagen zurück. Hamburg war verwüstet, eine Stadt voller Trümmerberge. Seine Eltern hatten überlebt; im Haus von Lokis Eltern waren alle Wohnungen ausgebrannt, doch sie hatten an einer stehen gebliebenen Wand eine Botschaft hinterlassen: «Wir sind alle unverletzt und wollen nach Neugraben», jenem Stadtteil südlich der Elbe, wo Lokis Großeltern lebten.

Weil Helmut Schmidts Dienststelle bald darauf nach Bernau, nordöstlich von Berlin, verlegt wurde, nahm Loki dort eine Stelle als Lehrerin an. Sie kam erst 1944 nach Hamburg zurück. «Nicht einmal vertraute Straßenzüge waren wiederzuerkennen. Erst später, als ich jenseits der Elbe in Neugraben angekommen war und das letzte Stück Weg vom Bahnhof zu Fuß zurücklegte, beruhigte ich mich wieder: Hier hatte sich nichts verändert, es roch vertraut nach Heide und Kiefern.»

Die Eltern zögerten, von den Bombennächten zu erzählen. «Es war schlimm», waren die Worte des Vaters. Widerwillig berichtete er Loki, was sie auf dem Weg nach Neugraben erlebt hatten: «Ich weiß nicht, was schlimmer war, die durch Luftminen getöteten Menschen, die saßen oder lagen, als ob sie schliefen. Oder die Menschen, die im weichen Asphalt steckten und sich noch bewegten. Nun frag nicht mehr.»

Die Mutter empfing ihre Tochter mit tröstenden Worten. Sie hatte Lokis geliebte botanische Bände aus der Wohnung geschleppt: «‹Deine *Flora von Deutschland* ist gerettet› – das wollte sie mir lieber erzählen als von den Brandbomben. Die stehen bis heute hier bei uns im Regal.»

Schon Ende 1945, keine drei Jahre nach dem Feuersturm, eröffnete die Schauspielerin Ida Ehre, deren Mutter in Theresienstadt ermordet worden war und die selber den Krieg im KZ Fuhlsbüttel überlebt hatte, die Hamburger Kammerspiele und prägte mit ihrem Glauben an das Gute im Menschen das Nachkriegshamburg, in dem Loki sich wie so viele andere eine neue Existenz aufbaute. Froh, am Leben geblieben zu sein, waren viele Deutsche nach dem Krieg vor allem mit dem täglichen Überleben beschäftigt: Mägen waren zu füllen. Doch es gab noch einen ganz anderen Hunger – den Kulturhunger, das Bedürfnis, die versäumten kulturellen Ereignisse nachzuholen, die während der Nazizeit verboten gewesen waren. Nun, als ein freies Geistesleben endlich wieder möglich schien, herrschte ein wahrer Ansturm auf die Theater, Kinos und Konzertsäle. Nächtelang stellten sich auch die Schmidts an der Theaterschlange an, um morgens um neun bei Kassenöffnung Karten für die zahlreichen deutschen Erstaufführungen zu ergattern – von Sartre und Anouilh, Thornton Wilder und Max Frisch, dazu Wolfgang Borcherts «Draußen vor der Tür». Ida Ehre öffnete «meinem Mann und mir die Türen und Fenster zur Dramatik anderer Länder»[6] – und brachte den Hamburgern mit ihrem «Theater der Menschlichkeit und Toleranz» nach zwölf Jahren Diktatur ein großes Stück Welttheater in die Hansestadt.

Das ist das Hamburg, für das Loki stand – ihre Heimat. Heimat war für sie nichts, das einen festhielt, das einen eng und abweisend machte. Heimat eröffnete Wege, war das Tor zur Welt. Für Loki war die Heimat Hamburg eine feste Basis, die sie geprägt hatte, aber auch Ausgangspunkt, um offen in die Welt zu gehen. Ihre Heimat grenzte nicht aus: «Ich mag andere Städte auch, aber hier will ich leben. Ich hatte immer Mühe, mich woanders zu Hause zu fühlen.»

Sie wollte den Begriff «Heimat» nicht jenen überlassen, die ihn aus politischen Gründen zu kapern versuchen. Sie benutzte ihn einfach. Im Bewusstsein, dass im Dritten Reich so manches als Heimatsymbol missbraucht worden war: «Vieles haben die Nazis nur nachgeäfft, will ich mal sagen. Bereits nach der Reichsgründung 1871 war die Eiche ein Zeichen der erlangten Einheit geworden. Als Sinnbild deutscher Kraft überhöhten die Nationalsozialisten den Baum weiter, im Parteiemblem der NSDAP hielt ein Adler einen Eichenkranz in den Fängen, vielerorts wurden «Adolf-Hitler-Eichen» gepflanzt.

«Die Eiche kann ja nichts dafür, aber sie ist nicht unbedingt mein Lieblingsbaum. All das war mir ein bisschen viel der Symbolik.» Nicht geschichtsvergessen zu sein, darum ging es Loki: Wohl auch deswegen hatte sie eine große Freude an allem, was vom Verschwinden bedroht war; sie mochte Volksbräuche, herrlich altmodische Wörter, bedrohte Pflanzen sowieso. Hinter alldem steckt ja nicht nur Geschichte, hinter alldem stecken auch Geschichten.

Loki gehörte etwa zu denen, die bewusst die alveolare

Zungenstellung pflegen, sie beherrschte den Hamburger «spitzen Stein» geradezu perfekt: Manchmal muss man nur eine kurze Tonaufnahme hören, um sie zu erkennen: «winds-till», «s-tapeln», «s-tolpern». Zum Hamburger Schnack gehören weitere Wörter, die Loki gern benutzte: «Klönen» und «Schnacken» mögen noch recht geläufig sein, «plietsch» (pfiffig) und «tüddelig» (schusselig) kannte ich zumindest, «schmöken» lässt sich vom Englischen herleiten und beschreibt eine der Schmidt'schen Lieblingsbeschäftigungen, während mir ein Wort wie «krüsch» (wählerisch) genauso unbekannt war wie «eisch» (frech, ungezogen).

Mit Lokis Generation verschwinden sowohl das Loki-S als auch viele dieser plattdeutschen Begriffe. Und zugleich verschwindet eine Vielfalt, die Loki sah und pflegte. Schön, dass es Unterschiede gibt, hätte sie wohl gesagt, denn es macht Freude, sie zu entdecken.

«Ist meine kleine Piepsstimme jetzt zu verstehen?»

Am 12. Februar 2009 stand Loki unter dem «riesigen Kitschbild» im großen Festsaal des Rathauses – langweilig war da wohl keinem – und bedankte sich: Als «Anerkennung für ihre herausragende Arbeit als Naturschützerin und Forscherin», so Bürgermeister Ole von Beust, erhielt sie die Ehrenbürgerwürde der Stadt Hamburg. Sie sei im besten Sinne hamburgisch: bodenständig, ehrlich, humorvoll, hanseatisch zurückhaltend.

Loki war eine stolze Ehrenbürgerin. Sie wünschte sich, dass bei der Feier die Hamburg-Hymne zumindest angespielt wurde – und sie forderte alle auf, ihren Kinderreim mitzusingen: «Heil über dir, Knackwurst in Papier, Hammonia.»

Lernen:
Sag niemals «die»!

Eigentlich ist es egal, wer von uns welchen der folgenden Sätze gesagt hat. Wortwechsel wie diese gingen bei unseren Gesprächen öfter hin und her:

«Machen Sie mich mal schlau.»

«Gern. Das machen wir ja gegenseitig die ganze Zeit.»

«Aber ich lerne von Ihnen viel mehr.»

«Das glauben auch nur Sie. Ich habe das umgekehrte Gefühl.»

Neunzig Jahre war Loki alt – und noch immer wollte sie lernen, immer mehr wissen und erfahren – und zwar möglichst genau. Sie war «hungrig» aufs Lernen, so nannte sie das, und diesen Hunger haben ihre bildungsbeflissenen Eltern schon früh in ihr geweckt – von Anfang an und mit gezielter Wahl der Schulen. Ein Hunger, der es ihr ermöglichte, eine eigene Sicht der Dinge zu haben – aufgrund der Fakten, die sie sich erarbeitete, aufgrund ihrer Fähigkeit, genau hinzusehen und Unterschiede zu erkennen, die Dinge nicht über einen Kamm zu scheren. «Sie war von großer Vorurteilsfreiheit», sagt ihr langjähriger botanischer Freund und Weggefährte Hans-Helmut Poppendieck. «Sie hat sich immer eigene Gedanken gemacht.» Ein Grund dafür mag in ihrer Schullaufbahn gelegen haben, von der sie gern erzählte.

Eingeschult wurde Loki 1925 auf einer von fünf Hamburger «Versuchsschulen», einer fortschrittlichen Schule, mit der die Glasers die Hoffnung verbanden, dass ihre Tochter dort besondere Förderung bekäme. Ungewöhnlich für die damalige Zeit, wurden Jungen und Mädchen hier gemeinsam unterrichtet. Auch der Klassenraum war freundlicher als in anderen Schulen: voller «kleiner weißer Tische und Stühle, die Eltern vorher angestrichen hatten», erinnerte sich Loki, und diese Möbel waren hin und her verschiebbar. So war sie es von Anfang an gewohnt, sich im Unterricht frei zu bewegen und nicht auf starren Schulbänken in Reih und Glied sitzen zu müssen. Die Stimmung im großen, hellen und einladend eingerichteten Klassenraum der Reformschule war für Loki, die aus der engen und düsteren Terrassenwohnung kam, «unglaublich».[1] Hier beschritten engagierte Lehrer neue Wege der Pädagogik: Die Schule war vom offiziellen Lehrplan befreit[2], gelernt wurde praxisnah, anstatt stur aus Büchern zu büffeln, die Prügelstrafe war verpönt. Lehrer, Schüler und Eltern spielten gemeinsam Theater oder musizierten im Orchester, sie renovierten, nähten oder flickten Kleidung für bedürftige Schüler – es ging darum, eine «Schulgemeinde» zu begründen.

Diese Schule wollte mit der alten Paukerschule mitsamt ihrer Rohrstockpädagogik brechen: «Mein Mann hat in der Grundschule noch so sitzen müssen», sagt Loki und legt mit geradem Rücken beide Hände brav vor sich auf den Tisch. Dort wurde «mit dem Lineal auf die Finger» oder mit «knopfbewehrten Lederhandschuhen links und rechts ins Gesicht» geschlagen wie zu Kaisers Zeiten.[3] «Das alles hat es damals nebeneinander in Hamburg gegeben, aber diese

Reformschulen bildeten sich natürlich ein, etwas Besseres zu sein.» Die Hamburger Schullandschaft der zwanziger Jahre war vielfältig, die Hansestadt die Stadt der Schulreformen.

Wenig überraschend, dass Lokis Eltern sie nach der Grundschule auf eine reformorientierte «höhere Schule» schickten, die Lichtwarkschule, benannt nach dem ehemaligen Direktor der Hamburger Kunsthalle. Alfred Lichtwark forderte «Menschenbildung durch Umgang mit Kunst, betrachtend und ausübend»; für ihn waren Kunst und Kultur nicht schmückendes Beiwerk, sondern Grundlage einer Gemeinschaft, in der Toleranz «nicht bloß auf Duldung des Anderen, des Fremden beruhte, sondern gegenseitige Anerkennung einschloss».[4] Überraschend war eher, dass auch Helmut Schmidts Eltern ihren Sohn dort anmeldeten. Er entstammte einem kleinbürgerlichen Lehrerhaushalt, sein strenger Vater verkündete den Grundsatz: «Kinder lesen keine Zeitung!»[5] Wieso die Eltern Schmidt ihren Sohn dennoch auf eine so moderne Schule brachten? Vielleicht weil die Lichtwarkschule in Lehrerkreisen einen guten Ruf besaß; vielleicht riet ein befreundetes Künstlerpaar ihnen dazu. Ganz anderes gewohnt, kam Helmut Schmidt «in eine völlig unerwartete Atmosphäre».[6]

«Ängstlich und erwartungsvoll», so erinnert sich Loki, saßen 1929 etwa sechzig Kinder zur Einschulungsfeier in der Aula.[7] Der Rektor hielt eine kurze Begrüßungsrede, dann wurden die Schüler alphabetisch aufgerufen – um nun selbst zu entscheiden, wer ihr Klassenlehrer werden sollte. Sie wurden nicht eingeteilt, sondern durften ihren Klassenlehrer selbst bestimmen. Schon zu Beginn machte die neue Schule den Kindern deutlich, worum es hier ging:

Eigenständigkeit und Verantwortung für die eigene Entscheidung.

«Für mich stand die Wahl fest, ich wollte zu Ida Eberhardt, und meinem Mann ging's genauso», erinnert sich Loki. Die habe ein herzliches und zurückhaltendes Lachen gehabt, sah freundlich aus mit ihrem blauen Kleid und weißen Kragen. Bald würde Loki eine besondere Beziehung zu Ida Eberhardt entwickeln.

Natürlich wurden auch auf der Lichtwarkschule Mädchen und Jungen gemeinsam unterrichtet. So kamen Loki und Helmut in eine Klasse – und ihre lebenslange Beziehung begann. Nicht nur deswegen sprachen beide vom «Glücksfall einer Schule» und der besonderen Schulerfahrung, die ihr ganzes Leben geprägt habe. In der Klasse trafen Schüler aus verschiedenen Stadtteilen und sozialen Milieus aufeinander, aus wohlhabenden Elternhäusern und solchen, die ständig mit Armut zu kämpfen hatten: Kinder von Lehrern und Ärzten, von Arbeitern und Kaufleuten lernten früh völlig andere soziale Welten kennen. Als Loki eine Schulfreundin besuchte, betrat sie zum ersten Mal ein «Reiche-Leute-Haus» mit Alsterblick, in dem das Mädchen sogar ein eigenes Zimmer besaß.[8] Und Helmut Schmidt sah bei den Glasers, was wirkliche Armut bedeutete.

Lokis Familie musste wegen ihrer finanziellen Not kein Schulgeld zahlen. «Die sozialen Unterschiede waren wohl bemerkbar, spielten aber in unserem Alltag in der Schule keine Rolle.»[9] Bald hätten sich die Schüler so aneinander gewöhnt, «dass der Einzelne galt und das Elternhaus nebensächlich war».[10]

Loki, die damals ihre Klassenkameraden um mindestens

einen Kopf überragte, hatte sich schnell einen Namen gemacht: Schmeling wurde sie gerufen, nach dem Boxweltmeister Max Schmeling. Denn sie pflegte einzugreifen, wenn Mitschüler von anderen drangsaliert wurden. In ihrem Zeugnis wurden ihr Mumm und starker Gerechtigkeitssinn hervorgehoben: «Sie ist ihren schwächeren Kameradinnen ein stets bereiter, tatkräftiger Schutz.» Loki sagte es direkter: «Wenn die Jungs zu frech wurden, habe ich sie verprügelt. Ich war nie ein richtiges Mädchen, ich war ein wüster Schläger.»

Kunst und Kultur, ästhetische und musische Bildung standen im Mittelpunkt des Unterrichts. Im übergreifenden Fach Kulturkunde wurden Deutsch und Geschichte gelehrt – und die kulturelle Bedeutung von Religionen gewürdigt, ohne dass es dabei um Glaubensfragen gegangen wäre.

«Man kann aus heutiger Sicht meckern über unsere Schule, dass wir nicht so furchtbar viel Fakten gelernt haben.» Mit ihrem Mann war Loki sich darüber einig, dass Fremdsprachen oder auch Naturwissenschaften im Unterricht zu kurz gekommen waren: «Eins hatten wir aber gelernt: selbständig zu arbeiten. Und dafür sind wir, mein Mann und ich, noch heute dankbar.»

Wesentlich in der Lichtwarkschule war die sogenannte «Jahresarbeit», die jeder Schüler eigenständig anzufertigen hatte. Schon im ersten Jahr übten sie das, als die Klasse eine Fahrt in die Freiluftschule «Mudder Rieck» ans andere Elbufer unternahm, nach Neugraben. «Eine Woche waren wir da. Und unsere Klassenlehrerin hat gesagt: Ihr führt jetzt Tagebuch und müsst euch jeden Tag hinsetzen und aufschreiben, was war.»

Im Jahr darauf wurde es ernst: «Jeder Schüler, jede Schülerin suchte sich ein Thema aus für diese Jahresarbeit. Wenn man nichts wusste, konnte man mit dem Lehrer beratschlagen. Das haben aber nur einige getan, die meisten wussten, was sie machen wollten.»

Die Klassenreisen waren vielen Kindern Inspiration für ihre Arbeit – die nicht in schriftlicher Form abgegeben werden musste: «Als wir mal im Weserbergland waren, habe ich festgestellt, dass da noch Tracht getragen wird: Bückeburger Trachten. Das war ja für eine Hamburgerin ein büschen ungewöhnlich. Da habe ich nicht nur die Tracht beschrieben, sondern auch zwei Puppen gebaut: maßstabgerecht eine Männer- und eine Frauentracht.» Von der gleichen Klassenreise angeregt, schrieb Helmut einen Aufsatz über die Bauten der Weserrenaissance in Hameln. «Ein bisschen später hat er einen Vergleich der Häfen von Rotterdam und Hamburg angestellt. Irgendwann in der Unterprima, glaube ich, da hat er sich ein Kirchenlied genommen und vierstimmige Sätze dazu komponiert. Man konnte sich wirklich aussuchen, was man machen wollte.»

Eine von Lokis Jahresarbeiten – wie konnte es anders sein – hatte die heimische Pflanzenwelt zum Thema: «Ich habe mir ein winzig kleines Moor in Neugraben ausgesucht und alle Pflanzen bestimmt und gezeichnet, die da wuchsen. Das Wort Biotop gab es da noch nicht, aber es war eine Biotopbeschreibung.» Neben dem «abenteuerlichen insektenfangenden Sonnentau» mochte sie die Moorlilie besonders gern – die Blume des Jahres 2011, die letzte, die noch vor Lokis Tod ausgewählt worden war.

In diesen Jahresarbeiten steckte die Grundidee der Lichtwarkschule, nämlich «die Kräfte des Schülers in Richtung

Klassenausflug ins Grüne mit der Lichtwarkschule im Jahr 1931; Loki ist wie stets gut zu erkennen am dunklen Pagenkopf. Wann immer es ging, nahm sie später als Lehrerin ihre Schüler mit hinaus in die Natur, bei Wind und Wetter machte sie «Lehrspaziergänge».

seiner vorherrschenden Anlagen» zu entwickeln[11], Kinder als «ganze Menschen» zu sehen, das gesamte Spektrum ihrer Begabungen zu entdecken und zu fördern.

Aus der Erfahrung des selbständigen Arbeitens heraus erwuchs schnell ein Gefühl für die eigenen Fähigkeiten, aber auch für die eigenen Grenzen. Jeder Schüler erlebte rasch, ob er seine Ideen umsetzen konnte oder ob er sich überfordert hatte. Und dass man für ein solches Projekt Disziplin und Durchhaltevermögen brauchte: «Wir sind dann wirklich alleingelassen worden. Natürlich konnte man die Lehrer um Rat fragen, aber ich halte das für eine ganz wichtige Erziehungsaufgabe, dass Kinder sich durchbeißen müssen. Um Rat fragen: Ja. Und dann auch einen vernünftigen Rat kriegen. Aber nicht: Du kannst dir das und das Buch nehmen von Seite sowieso bis sowieso. Und das hat, wie gesagt, schon angefangen in der Sexta in dem Schulheim in Neugraben.»

Dass sich die Schüler das Thema ihrer Jahresarbeit selbst eingebrockt hatten, führte zu Eigeninitiative, Ausdauer, Selbstbewusstsein und letztlich großer Freude am Lernen. Sie übernahmen Verantwortung für ihr eigenes Tun – wie zu Beginn der Lichtwark-Zeit, als sie ihren Klassenlehrer selbst ausgewählt hatten.

Ließen die Lehrer ihre Schüler mit der Jahresarbeit mehr oder weniger allein, so versuchten sie sonst «statt formaler Autorität und Unterordnung … ein weitgehend partnerschaftliches Verhältnis herzustellen».[12] Besonders eng verbunden war Loki der Klassenlehrerin Ida Eberhardt, der sie bald regelmäßig bei den Unterrichtsvorbereitungen half: «Wegen der Botanik hatte ich sehr schnell ein besonderes Verhältnis zu ihr. Nun habe ich natürlich Glück gehabt, weil unsere Klassenlehrerin in der höheren Schule war, Mathematikerin und Biologin. Außerdem trug sie besondere Kleider, immer mit einem weißen Kragen – und den musste meine Mutter ihr nähen. Sie ist also häufig bei uns zu Hause gewesen. Dann gab es eine sehr anregende Unterhaltung. Nachmittags bin ich oft mit ihr in den Stadtpark gewandert, um Material für den kommenden Tag zu sammeln: Blüten, Blätter und Pilze, Kaulquappen, Käfer und andere Insekten. Einmal haben wir Spinnen gesucht, die wir in Streichholzschachteln setzten. Am nächsten Tag hatte ich alles voll mit roten Pickeln, im Gesicht und an den Händen. Ich kam in die Schule – und meine Lehrerin sagte: Wir müssen eine falsche Spinne erwischt haben. Auch Frau Eberhardt war voller Quaddeln.»

Ida Eberhardt versorgte Loki regelmäßig mit interessanter biologischer Lektüre, die für sie sonst unerreichbar gewesen wäre. Von ihr erhielt Loki auch jenen Artikel des Wissenschaftlers Hirohito, mit dem sie später den japanischen Kaiser zum Reden brachte. Und noch etwas gab Ida Eberhardt ihren Schülern mit auf den Weg – einen Satz, der sie zur Toleranz anhielt: «Hütet euch vor dem ‹Die-Begriff›, das ist etwas ganz Schlimmes!» Sie mahnte damit vor Pauschalurteilen über andere: *die* Jungs, *die* Mädchen, *die* Schwarzen, *die* Juden, *die* Kommunisten, *die* Nazis, *die* Kapitalisten, *die* Amerikaner. Wer so verallgemeinert, in dessen Blick geht der einzelne Mensch verloren. «Und damit eine wesentliche Unterscheidung im Erkennen und Werten, ohne die Menschlichkeit nicht möglich ist.»[13] Loki lernte, immer genau hinzusehen, wer da vor ihr stand – und nicht nach Gruppenmerkmalen zu urteilen.

«Sag niemals die!» – ein einfacher Satz, der sich festhakt.

Ähnlich wie «Ich finde es aber besser, wenn die Menschen leben», jener Satz, mit dem Lokis Mutter das Spiel des Nachbarjungen kommentierte. Beides sind klare Aussagen voller Mitmenschlichkeit.

Was der Verlust von Menschlichkeit bedeutete, offenbarte sich, als die Nationalsozialisten an die Macht kamen. Einige Lehrer mussten die Schule verlassen, manche wegen ihres jüdischen Glaubens, andere wie Ida Eberhardt wurden zunächst versetzt und später vom Schuldienst suspendiert; sie hatte sich geweigert, dem Nationalsozialistischen Lehrerbund beizutreten und damit die Rassenideologie der Partei zu billigen.[14]

«Recht abstoßend» sei der erste Auftritt des bald neu eingesetzten Schulleiters Erwin Zindler gewesen: «Wir mussten uns alle auf dem Schulhof versammeln, dann öffnete sich im ersten Stock ein Fenster und Herr Zindler brüllte etwas auf uns nieder. Seine Rede gipfelte in dem Satz: ‹Ich werde diesen roten Saustall schon ausmisten.›»[15]

Aus der Schulbibliothek wurden bestimmte Bücher verbannt, vor allem «linke» Werke von Kommunisten und Sozialdemokraten; es gab Flaggenparaden und Luftschutzübungen.[16] Nach und nach verschwanden die jüdischen Mitschüler, sie wurden «abgemeldet», einige emigrierten mit ihren Eltern. Mit ihrem Jüdischsein brachten die zurückbleibenden Schüler das kaum in Verbindung, denn der Glaube Einzelner hatte an der Lichtwarkschule bis dato nie eine Rolle gespielt.

Weil die Lehrerschaft der Lichtwarkschule vor allem durch ähnliche pädagogische Vorstellungen verbunden war, weil Politik hier keine so große Rolle gespielt hatte, blieb der Umgangston auch nach der Machtergreifung offen und tolerant. Allerdings stand nach dem Nazilehrplan Rassenkunde auf dem Programm – und Loki wurde neben anderen Mitschülern zum Anschauungs- und Studienobjekt. Der neue Klassenlehrer Hans Roemer brachte dazu ein spezielles zirkelähnliches Schädelmessinstrument mit in den Unterricht und erzählte den Schülern von der Einteilung der «Menschenrassen», deren wertvollste die «nordische» sei. Zunächst untersuchte er den blondesten Jungen mit blauen Augen – aber für «nordisch» reichte es dennoch nicht. So ging es weiter, Roemer prüfte noch gut zehn andere Schüler, doch keiner entsprach den Vorstellungen der Rasseideologen. Dann wurde Loki begutachtet, die einfach sehr anders aussah – «unnordisch», mit ihrem dunklen Pagenkopf.

Lokis Vermessung war verblüffend: «Den nordischsten Schädel hat ausgerechnet Loki, die aussieht wie ein Chinese», verkündete der Lehrer, und die Klasse brüllte vor Lachen.[17] Roemer packte die Messinstrumente wieder ein – das war es mit der Rassenkunde, die soeben eindrücklich gezeigt hatte, was man von ihr erwarten konnte: «Wir alle begriffen, dass das Ganze großer Quatsch war.»[18]

Über ihr Aussehen amüsierte sich Loki gern: «Ich habe ja leichte Schlitzaugen, die dazu geführt haben, dass mich auch noch vor fünfzehn Jahren zwei neugierige Kinder draußen auf der Straße fragten: Bist du ein Chinese? Was haben wir aber auch für ein Gemisch von Völkern in Norddeutschland! Ich habe ein Bild von meinem Großvater väterlicherseits, ein Foto zu seiner goldenen Hochzeit, Dschingis Khan ist gar nix dagegen. Wie ein alter Tibetaner sieht er aus. Warum soll nicht jemand von den durchziehenden Ta-

tarenhorden mal Sehnsucht nach einer Frau gehabt haben und gehört so zu meinen Vorfahren?»

Nach der mittleren Reife 1935 bekamen die Glasers Post von der Schulbehörde: Nun würde kein Schulgeld für Loki mehr bezahlt, denn ein späteres Studium könne sich die Familie doch ohnehin nicht leisten. Die Mutter schrieb an die Lichtwarkschule, ob nicht doch eine Möglichkeit bestünde, Loki weiter zur Schule gehen zu lassen. Später wurde der Brief durch Zufall im Keller des Gebäudes wiedergefunden. «Es ist sicher der einzige Brief, den meine Mutter je mit ‹Heil Hitler› unterschrieben hat», da war sich Loki sicher.

Kurz darauf wurde Loki zu Schulleiter Zindler gerufen, der verkündete, dass sich das gesamte Kollegium für eine Fortsetzung ihrer Schullaufbahn einsetzen wolle, ein Lehrer halte sie gar für den «Sonnenschein der Klasse».[19] Er legte ihr aber nahe, sich eine mädchenhaftere Frisur zuzulegen und in den Bund Deutscher Mädel einzutreten. Keine leichte Entscheidung für die Glasers, doch um ihrer Tochter das Abitur zu ermöglichen, stimmten sie schließlich zu. Als Lokis Vater sie zum ersten Mal in der BDM-Uniform sah, verdrehte er die Augen.

Dank ihres musikalischen Talents wurde Loki ins BDM-Orchester aufgenommen, in dem sie Bratsche spielte. Der «Dienst» machte dem jungen Mädchen Spaß, es wurde hauptsächlich Barockmusik einstudiert.[20] Die Musik habe im Mittelpunkt gestanden, über Politik und Ideologie sei wenig gesprochen worden. Trotz aller BDM-Aktivitäten verweigerte Loki das Kleinkaliberschießen im Turnunterricht, das 1936 eingeführt wurde. «Als ich energisch erklärte, dass ich kein Gewehr anfassen würde, bekam ich diese Sportstunde frei, was ich allerdings zuvor bei Herrn Zindler beantragen musste.»

Bei Zindler schien sich indessen ein Meinungswechsel eingestellt zu haben. Loki erinnerte sich daran, dass er ihr gegenüber irgendwann erwähnte, die Lichtwarkschule für «etwas Großartiges» zu halten – «ganz anders, als er sie sich vorgestellt habe». Leider gebe es Bestrebungen, sie aufzulösen – Koedukation war gemäß der Naziideologie nicht zeitgemäß, sondern galt als eine Form des «Kulturbolschewismus». Er wolle dennoch versuchen, sie zu erhalten. Zindler schaffte es nicht: Im Frühjahr 1937 wurde die Lichtwarkschule geschlossen. Lokis Klasse wurde schon Ende 1936 aufgelöst; die Jungs – darunter Helmut Schmidt – durften bleiben, um Ostern 1937 Abitur zu machen. Zum Abschied nahm Schulleiter Zindler sie kurz in den Arm: «Loki, Loki, was haben sie nur aus unserer Schule gemacht.» Der tolerante und kreative Geist der Lichtwarkschule schien auch denjenigen zumindest etwas verändert zu haben, der noch vor kurzem den roten Saustall hatte ausmisten wollen. Die Rolle des von den Nazis eingesetzten Schulleiters ist bis heute überaus umstritten, doch Loki betonte wiederholt, dass sie nicht die Einzige war, die auch «andere Seiten» an ihm erlebt hatte.

Loki und ihre Mitschülerinnen legten im Herbst 1937 nach einem halben Jahr auf einer Mädchenschule die Abiturprüfungen ab. Ihre Zeugnisse bekamen sie aber erst nach einem weiteren halben Jahr, in dem man sie im Hauswirtschaftsunterricht auf ihre angedachte Rolle als Ehefrau und Mutter vorbereitet hatte.

Zeitlebens war Loki überzeugt, «dass mein Mann und ich Glück mit dieser besonderen Schule hatten». Nicht nur, weil sie sich dort kennenlernten – über sechzig Ehen wurden übrigens unter ehemaligen Lichtwarkschülern geschlossen, so prägend waren die gemeinsamen Erfahrungen und Werte. Dank des «besonderen toleranten Geists» der Lichtwarkschule bekamen die Kinder vergleichsweise wenig von der völkischen Nazi-Indoktrination ab, sondern erlernten freies Denken über einzelne Disziplinen hinaus: ein wertvolles Rüstzeug für einen «hungrigen Geist» und eine Ermutigung, immer weiterzulernen. Die Fähigkeit, sich selbst Wissen anzueignen und es stetig zu vertiefen, wurde zur Grundlage für Lokis spätere Laufbahn als Autodidaktin in der Botanik. Denn trotz des Abiturs konnte sie ihre Leidenschaft für Pflanzen und Natur nicht zum Beruf machen, das Studium der Biologie war viel zu teuer.

Um überhaupt studieren zu dürfen, musste sie zuvor ein halbes Jahr zum Reichsarbeitsdienst, den sie gemeinsam mit etwa vierzig anderen «Arbeitsmaiden» in Mecklenburg ableistete, wo sie den Bauern auf den Feldern halfen.[21] Das war harte Arbeit, aber dennoch für sie persönlich «keine schlimme Zeit», denn Loki fand auch in dieser Situation etwas, das sie interessierte: «Eine ganze Vegetationsperiode in der Landwirtschaft mitzuerleben war für mich eine wunderbare Sache. Das Allerschönste dort war, wenn ich bei einem Bauern Mais hacken durfte. Das war der erste Mais, den ich überhaupt gesehen habe, denn er wurde damals in Deutschland kaum angebaut. Die Pflanzen waren über zwei Meter hoch, nicht so kurz wie heute.»

Auf die Zeit beim Bauern folgte das Lehramtsstudium: «Ich habe das billigste genommen, da musste man nur Einschreibegebühr bezahlen, was genug Geld war. Für ein Semester zweihundert Mark. Das hatten meine Eltern nicht, ich habe es mir von Bekannten geschnorrt und immer brav wieder zurückbezahlt.» Außerdem dauerte das Lehramtsstudium nur zwei Jahre. Loki musste «auf die Schnelle studieren und Examen machen», dann nämlich konnte sie rasch anfangen zu arbeiten und die Eltern zu entlasten. Das Geld für die Gebühren, die Monatskarten und Bücher verdiente Loki mit Nachhilfestunden und dem Beaufsichtigen von Schulaufgaben, was ihr zwei beziehungsweise eine Mark die Stunde einbrachte.[22]

An das Studium selbst erinnerte sie sich später kaum. «Manches rauschte an mir vorbei. Da ich unbedingt nach vier Semestern fertig sein wollte, belegte ich in jedem Semester über vierzig Wochenstunden mit Vorlesungen und Übungen.» Viel lehrreicher für ihr späteres Leben als Lehrerin waren Hospitationen und Praktika, vor allem ein Landschulpraktikum in Hambergen am Teufelsmoor. Dort lernte sie, «was später wichtig war: im Unterricht zu differenzieren, damit jedes Kind das richtige ‹Futter› bekam». Anders ausgedrückt: jedes Kind als einzigartig zu sehen – und auch bei Schülern niemals «die» zu sagen.

Lehren:
Expedition statt Gänseherde

An die Natur heranführen? Das hat etwas von Gänseherde. Als ich das hörte, da habe ich innerlich gleich drei Fragezeichen gemacht.» Sosehr Loki die Idee gefiel, ein Buch über die Natur zu schreiben, so wenig mochte sie den vorgeschlagenen Arbeitstitel «Naturfibel».

Dieser Ansatz war ihr zu theoretisch. Sie wollte die Schüler – und die Menschen an sich – lieber mitnehmen, anstatt sie zu belehren: «Natürlich wollte ich meinen Klassen die Natur nahebringen. Aber ohne sie heranführen zu müssen. Ich würde denjenigen an die Hand nehmen und einfach rausgehen, das ist nämlich für mich etwas anderes. Als Lehrerin habe ich nicht einfach gesagt: Guck mal da! Wenn wir draußen waren, dann konnte ich oft gar nicht so schnell zuhören, wie die Schüler von selbst etwas entdeckten. Aber das ist mir hinterher und auch heute noch klar: Man muss Kinder zum Gucken und Zuhören anregen. Das habe ich immer gemacht, wenn wir irgendwo rumwühlten. Es ging ums Anfassen, Ausgraben, Streicheln oder Zuhören. Wenn eine Amsel nun unbedingt ihr Revier verteidigen wollte, dann haben wir ihr zugehört und dann darüber gesprochen, weshalb sie singt.»

Wie Lokis Unterricht aussah, hat mir eine ihrer ehemaligen Schülerinnen erzählt: Die Theaterdramaturgin und Journalistin Karin Jacobs-Zander ging von 1958 bis 1962 auf die Grundschule am Hirtenweg in Hamburg-Othmarschen, einem Elbvorort, einem «besseren» Stadtteil also – und bekam Loki als Klassenlehrerin: «Sie ließ uns aus Erfahrungen und Erlebnissen heraus Wissen sammeln: Wissen, Wissen, Wissen – und aufgrund dieser Erfahrungen haben wir uns eine Meinung gebildet – auf allen möglichen Feldern.»

Das erste prägende Erlebnis hatte die angehende Grundschülerin Karin bereits Wochen vor dem ersten Schultag, als sie «eine kleine, buntbemalte Karte» erhielt, «von fremder Hand an mich abgeschickt» – die erste eigene Post ihres Lebens.[1] Es war die Einladung zum Gottesdienst, zum traditionellen Auftakt der Einschulungsfeier. Diese Karte, in «sorgfältiger Schülerschrift» verfasst, barg für das kleine, behütet aufgewachsene Mädchen jedoch schon «die erschreckende Erkenntnis, dass nicht alle Menschen über die gleichen Möglichkeiten verfügen». Zuletzt nämlich richtete die noch unbekannte Grundschullehrerin Schmidt eine Bitte an ihre künftigen Erstklässler: Sie sollten doch ihre Schultüten zu Hause lassen. Damit diejenigen, die weniger oder nichts bekämen, weil die Eltern das Geld dafür nicht aufbringen könnten, nicht traurig würden.

Diese Bitte ging auf Lokis eigene Einschulung zurück. Damals standen einige Kinder mit großen Schultüten auf dem Hof – und sie selbst besaß keine. Daheim überspielte sie die Enttäuschung und erzählte ihren Eltern, wie kitschig die der anderen gewesen seien. «Aber vielleicht war ich auch etwas neidisch», gab Loki später zu.[2]

Dem kleinen Mädchen Karin jedenfalls hatte sich mit dieser Karte «die Tür geöffnet und ein kühler Windzug kündete ihm von einer bisher unbekannten Kälte draußen in der Welt». Dieses erste bewusste Rücksichtnehmen auf Schwächere beschreibt sie als Zäsur zwischen der Kindheit und der langen Periode des Erwachsenwerdens. «Noch bevor Loki Schmidt wirklich in mein Leben getreten war, hatte sie schon Wesentliches bewirkt. Armut und Wohlstand lagen in diesen Nachkriegsjahren ganz eng beieinander. Das hatte ich bis dahin nicht geahnt. Loki zeigte uns immer, dass der gutsituierte Elbvorort Othmarschen nicht der Nabel der Welt ist, sondern dass Menschen gleich in der Nähe ganz anders und nicht mit unseren Möglichkeiten leben.»

Und wie meistens ging Loki auch dabei sehr bedacht vor: «Sie hielt uns keine Vorträge über Gerechtigkeit, Solidarität und Bescheidenheit. Sie lebte mit uns nach diesen Grundsätzen: Ob sie mit uns über Demokratie gesprochen hat, das weiß ich nicht mehr. Aber wir haben sie gelebt und dauernd eingeübt.»

Zweimal täglich sang die Klasse gemeinsam – zu Beginn und am Ende des Tages. Die Schüler saßen an Vierertischen, und immer durfte ein anderer Tisch entscheiden, welches Lied angestimmt würde. Die Kinder begannen zu diskutieren, und wenn sie sich nicht einigen konnten, stimmten sie ab. Der Rest der Klasse verfolgte den Entscheidungsprozess. Gemeinsam sangen sie das ausgewählte Lied, am nächsten Tag war ein anderer Tisch an der Reihe. Auch über Ausflüge wurde per Mehrheitsentscheid abgestimmt. Spielerisch übte Loki mit den Kindern demokratischen Umgang, denn Schule war für sie die «Stätte, wo man soziales Verhalten lernt»[3] – und dafür brauchte man das abstrakte Wort Demokratie noch nicht einmal auszusprechen.

«Die Wünsche der Mehrheit zu akzeptieren fiel manchmal schwer», erinnert sich Karin Jacobs-Zander. Damals aber hätten sie und ihre Mitschüler gelernt, was Demokratie neben dem Mehrheitsentscheid auch bedeutet: nämlich Respekt für den anderen zu haben, in dem Wissen, was und wer er ist – und dass er vielleicht ganz anders denkt. Und dass genau das in Ordnung ist.

Einmal, so erinnert sich Karin Jacobs-Zander, kam ein katholisches Mädchen neu in die Klasse, das aus Aachen nach Hamburg gezogen war. «Für uns vorwiegend protestantisch aufgewachsene Kinder war das völlig fremd und seltsam. Dieses Mädchen hatte andere Feiertage als wir – und es ging sogar zur Beichte. Loki hat sich sehr dafür ins Zeug gelegt, dass wir die andere Konfession kennenlernen, dass wir mehr darüber wissen wollen. Das war ihr immer wichtig: den anderen kennenzulernen, dabei zu erkennen, dass er vielleicht anders denkt und fühlt und andere Meinungen hat. So entsteht Akzeptanz.»

Überhaupt habe Religion in ihrem Unterricht eine große Rolle gespielt, ohne dass es wichtig gewesen wäre, wer welchen Glaubens ist: «Wir haben damals viele christliche und jüdische Geschichten behandelt, das Alte und das Neue Testament, Muslime gab es zu der Zeit ja noch kaum in Deutschland.» Wie sie es selbst auf der Lichtwarkschule gelernt hatte, sah Loki Religion als Bestandteil der Kultur, ohne den vieles nicht verstanden werden kann. Das tat sie so selbstverständlich, dass ihre ehemalige Schülerin erstaunt war, als sie Loki Jahrzehnte später sagen hörte, dass sie gar nicht an Gott glaube. Auch wenn Loki selbst nicht glaubte, war es für sie völlig in Ordnung, wenn andere es taten. «Sie hat alle mit dem gleichen Respekt angesprochen, gefordert und gefördert. So vermittelte sie uns eine Ahnung davon, dass es bindende Werte gibt.»

Über die Verbrechen der Nationalsozialisten wurde in jenen Jahren wenig gesprochen. Doch die Grundschullehrerin hat ihren Schülern das Wissen darum nicht vorenthalten: «Loki hat uns vom Holocaust erzählt – in der vierten Klasse. ‹Warum habt ihr die Juden umgebracht?›, fragte ich zu Hause. Meine Eltern, die mit den Nazis nicht viel am Hut hatten, waren entsetzt. Denn damals haben noch alle geschwiegen aus Scham.»

Einmal in der Woche ging Karins Klasse nach der großen Pause für ein paar Stunden in die Sonderschule nebenan, um mit den Kindern dort zusammen zu malen, zu lesen, Geschichten zu erzählen oder zu singen. «Sie hätten mal meine Kleinen sehen müssen! Vorsichtig und sanft, und wenn ein Kind stolperte, sind sie sofort hingelaufen und haben geholfen.» Loki hatte ihnen vorher erklärt, dass auch Bluter unter den anderen Schülern seien und was ihre Krankheit bedeutet.[4]

«Was man heute Integration oder Inklusion nennt, setzte Loki Schmidt schon damals im Rahmen ihrer Möglichkeiten um, auch wenn es vielen Eltern gewagt vorkam. Mir schien es aber so selbstverständlich, dass ich das ganz vergessen hatte, bis Loki Schmidt mich daran erinnerte, als ich begeistert von der Montessori-Erziehung meiner Tochter berichtete.»

Da haben wir es wieder, dachte ich, als Karin Jacobs-

Zander mir erzählte, wie Loki noch nach Jahrzehnten darauf hinwies, dass sie in pädagogischer Hinsicht so manchem Kollegen weit voraus gewesen war: «Bescheiden» war Loki einfach nicht. Sie wusste genau, was sie tat und warum – und sie erinnerte daran, durchaus mit Stolz in der Stimme. So wie sie mal zu mir sagte: «Also, eine richtige Standardlehrerin bin ich nicht gewesen. Das merken Sie, nicht?»

Als Karin Jacobs-Zander am Ende ihrer Grundschulzeit nach Baden-Baden umzog, ging es an der neuen Schule viel autoritärer zu. Zu jener Zeit gab es «Eselsbänke» in der letzten Reihe für die schlechten Schüler, die sowieso nicht mitkamen; wer nicht folgte, musste in der Ecke stehen und sich schämen. In Karins neuer Klasse wurde nicht über den Unterricht abgestimmt; nach der Pause mussten die Kinder Hand in Hand zurück ins Klassenzimmer gehen. «In Othmarschen am Hirtenweg dagegen durften wir frei toben und spielen. Loki passte immer auf.» Wenn sich jemand danebenbenahm, kam Loki, die sich als «Schmeling» schon zu ihren eigenen Schulzeiten um Schwächere gekümmert hatte – allerdings erklärte sie demjenigen nun mit Worten, warum sein Verhalten nicht in Ordnung sei. «Sie hatte eine natürliche Autorität, auch wenn ihre Stimme leise war. Und sie wusste uns klar zu vermitteln: Meine Freiheit hört auf, wo ich die Freiheit des anderen einschränke.»

Noch etwas beeindruckte Karin Jacobs-Zander: «Auch wenn Loki das Wort verabscheute: Für mich war sie die erste emanzipierte Frau, die ich kennenlernte. So viele Frauen, die in den Nachkriegsjahren die Last des Wiederaufbaus getragen hatten, sind wieder brav beiseitegetreten und haben sich zum ‹Heimchen am Herd› zurückentwickelt. Loki nicht.»

Das ist ein weiter Bogen – vom «Heranführen an die Natur» und vom Vermeiden der Gänseherde über demokratische Übungen und Toleranz zum Vorleben von Emanzipation oder, wie Loki es vielleicht ausgedrückt hätte, «eines eigenständigen Daseins». Aber alldem liegt etwas Gemeinsames zugrunde, nämlich eine Haltung des Hinschauens und des Respekts. Loki hat Unterschiede erkannt und anerkannt, nicht um zu bewerten, sondern um die Welt um sie herum besser zu verstehen und sich dann eine begründete Meinung bilden zu können.

Ihren Schülern vermittelte sie diese Einstellung, indem sie mit ihnen eine der Hamburger «Freiluftschulen» besuchte: «Da konnte man jedes Jahr eine Woche lang morgens hingehen und den ganzen Tag über spielerisch lernen.» Karin Jacobs-Zander erinnert sich an die Eindrücke aus der Freiluftschule am Hafen: «Wenn wir am Hafen Unterricht hatten, dann ging es viel um die Menschen dort. Wir besuchten die Hafenarbeiter, die damals noch ganz anders schuften mussten als heute, ohne die großen Maschinen, mit viel mehr körperlichem Einsatz. Was das für die Menschen dort bedeutet, das zu vermitteln war Loki wichtig – gerade für uns Othmarscher Kinder. Für mich waren das Expeditionen ins Unbekannte – zu anderen Menschen, in andere Erfahrungswelten. Wenn man solche Erfahrungen gemacht hat, dann bekommt man als Kind automatisch ganz andere Ideen vom Zusammenleben in einer Gesellschaft. Loki hatte immer sozial schwache Menschen im Blick, in Hamburg und im Rest der Welt.»

Was die Kinder dort beobachtet und erlebt hatten, griff Loki im Klassenzimmer wieder auf: «Ihr Unterricht war ein Ganzes: Alles gehörte zusammen. Wir haben nicht schreiben gelernt, um zu schreiben, sondern um lesen zu können, was auf den Frachtern steht und um das in unsere Listen einzutragen.» Die kleine Karin saß nach den Hafenausflügen daheim noch lange über ihren Heften, in die sie Kühlhäuser, Tanker, Passagierschiffe und Schlepper malte, Leuchttürme und Flaggen aus aller Herren Länder, die Kapitäne und die Hafenarbeiter. «Durch das Tor zur Welt ließ Loki Schmidt uns kleine Hanseaten neugierig in die Ferne schauen und die Verschiedenartigkeiten wahrnehmen, die mit uns verbunden waren.»

Dabei ging Loki immer von konkreten Phänomenen aus. Wenn die Schüler etwa am Strand aus Sand und Moospolstern kleine Burgen bauten, dann kam irgendwann die Flut und überschwemmte die Burgen. Da erzählte Loki den Schülern von den Gezeiten und auch wie außergewöhnlich es ist, dass es in Hamburg, hundert Kilometer vom Meer entfernt, noch Ebbe und Flut gibt. Zum Süßwasserwatt mit seinen Besonderheiten war es nicht weit: «Mit einem ganz kleinen Fingerpiks konnten sie sehen, dass unten an der Elbe am Wasserrand ganz andere Pflanzen wuchsen als am Hang. Man braucht ja nur sagen: Oh, was steht hier unten so schön hohes Schilf.»

Ein Teil von Lokis Unterricht galt der Artenkenntnis: «Manchmal habe ich schon im ersten Schuljahr gesagt: Bringt morgen alle einen Blumentopf mit und eine kleine Schaufel.» Dann hat sie die Schüler losgeschickt: «Lauft einmal alle in die umliegenden Wege und Parks und bringt mir – jeder für sich – eine Pflanze, die euch gefällt. Aber

«Loki hat jeden bevorzugt», erzählte mir Barbara Gitschel-Bellwinkel, die in der dritten Klasse auf der Reekamp-Schule in Hamburg-Langenhorn von ihrer Lehrerin Loki diesen liebevoll gezeichneten Eintrag ins Poesiealbum erhielt.

bringt sie mit Wurzeln, denn jeder soll das, was er ausgegraben hat, einpflanzen und großziehen. Allein wie die Kinder den Boden unterscheiden: sandig oder dunkel, schwer oder nass. Es ist wichtig, dass sie selbst Worte dafür finden. Meine Schüler waren es gewohnt, dass sie munter dabei plauderten und nicht ruhig zu sein hatten. Und die meisten haben dann zum ersten Mal Wurzeln gesehen. Das war für viele ein Erlebnis. Und sie brachten ganz Unterschiedliches mit – von schmucken Blütenpflanzen bis zu unscheinbaren Gewächsen, die gemeinhin als Unkraut bezeichnet wurden. Dann haben wir die Pflanzen in Blumenpötte gepflanzt und mit in die Klasse genommen. Dort standen die Pötte für lange Zeit und mussten von ihnen gepflegt werden. Und wie es manchmal der Zufall will, entwickelten sich auf der Fensterbank mehrere Blütenstände. Jeden Tag hat die ganze Klasse geguckt, wie sie sich entwickelten. Und sie fanden heraus, welche Pflanzen sie da ausgebuddelt hatten.» Denn Loki hatte natürlich Bestimmungsbücher da: «Es war immer ein plietsches Mädchen oder ein wachsamer Junge dabei, und die hatten sehr schnell von selbst entdeckt, dass zwar hübsche Bilder in dem Bestimmungsbuch sind, dass man sich aber auch nach der Pflanzenfarbe richten konnte, um den Namen herauszufinden.»

Wie ein roter Faden zog sich die Begegnung mit der Natur durch die Grundschuljahre: «Heute einige Minuten über das Äußere einer Pflanze, morgen eine Wiederbegegnung, Tage später die Lebensbedingungen. Das braucht nicht viel Zeit, bringt aber Vertrautheit. Ich glaube, dass meine Neun- und Zehnjährigen am Ende der Grundschule eine umfangreichere Pflanzenkenntnis hatten als viele Biologie-Erstsemesterstudenten heute. Und sie konnten besser hinschauen – ohne Vorurteile – und einfach beobachten, was sie vorfanden. In Othmarschen war eine Straße mit Ginkgos bepflanzt, und ich bin mit meiner Klasse natürlich dahin gegangen. Dann habe ich ihnen erzählt, dass ein Ginkgo ein Nachkomme von etwas Ururaltem ist und eigentlich aus einer Zeit stammt, als es noch gar keine Laubbäume gab. Es muss wohl im Herbst gewesen sein, denn die Blätter waren zum Teil schon runtergefallen, und die Kinder hatten, weil so ein Blatt ja auch reizvoll ist, welche aufgehoben. Dann kam sofort das Philosophieren von klugen Kindern: ‹Aber dies ist doch ein Laubbaum!› Ein anderer sagte: ‹Kann man doch sehen, dass es eher ein Nadelbaum ist. Guck dir doch mal das Blatt an, sieht doch aus, als ob das lauter zusammengewachsene Nadeln sind.› Das ist für einen Lehrer etwas Großartiges, denn es zeigt, dass er es immerhin fertiggebracht hat, die Kinder genau gucken zu lassen. Und das waren meine Schulkinder gewohnt, dass sie dreimal gucken konnten und danach mehr wussten.»

Dreizehn Jahre lang lehrte Loki an der Schule am Hirtenweg, die später in den Othmarscher Kirchenweg umzog und seit 2012 Loki-Schmidt-Schule heißt. Erst als sie ihrem Mann nach Bonn folgte, gab sie den Beruf nach fast dreißig Jahren als Lehrerin schweren Herzens auf – Pädagogin im besten Sinne des Wortes blieb sie ihr Leben lang.

Sehr schnell habe ich bei unseren Gesprächen begriffen, dass man Loki und ihr Verhältnis zur Natur – und damit auch zum Menschen in all seinen sozialen Zusammenhängen – nur durch ihre Art des «Mitnehmens» verstehen kann: mit allen Sinnen be-greifend und er-fassend. Ihr lag viel an der Präzision von Beobachtungen. Sie wollte ihr Wissen weitergeben, aber ohne es jemandem aufzuzwingen. Lieber wollte sie zum Hinschauen und Vergleichen anregen: Ziehe eigenständig Schlüsse aus dem, was du beobachtet hast – und baue es in dein Bild der Welt ein.

Nach drei Sitzungen waren wir auf die Grundidee unseres Naturbuches gekommen: Wir wollten in stetig größer werdenden Kreisen – so wie Kinder die Welt entdecken – zunächst biologische und botanische Grundbegriffe klären und dann auch komplexere Fragen behandeln, Landschaften und die Evolution etwa. Aus der «Naturfibel» wurde so «Das Naturbuch für Neugierige».

Diese Art anstiftender Pädagogik hat so manchen seine Unbedarftheit gekostet. «Loki ist an allem schuld» – mit dieser Beschwerde beginnt der Schriftsteller Siegfried Lenz eine Eloge auf seine langjährige Freundin. Hat sie ihm doch seine Bedenkenlosigkeit genommen, mit der er Jahre lang durch die Natur streifte, das «Latschen». Weil vieles zuvor für ihn anonym und namenlos gewesen war, köpfte, zertrampelte, knickte und zermalmte er, was ihm unterwegs an Grünzeugs begegnete. Doch irgendwann war es damit vorbei: «Sie schaffte es auf eigene, auf Loki-Art; und das heißt: nicht durch Warnung oder Drohung, auch nicht durch drastische Belehrung, sondern leise, indirekt und in anmutig aufklärerischer Weise.»[5]

So erzeugte sie bei Lenz eine Vertrautheit mit Gewächsen, und sie öffnete dem Romancier die Augen für all die kleinen Wunder, die sich gar nicht verstecken, sondern ständig offen vor uns liegen: «Als Betroffener von Lokis sanfter Pädagogik muss man auf alles gefasst sein. Allerdings: die Veränderungen bedenkend, die mit mir vorgegangen sind; den ganzen Wandel bilanzierend, für den sie verantwortlich ist, muss ich zugeben, dass ich Loki einen erheblichen Zuwachs an Hellhörigkeit, an Finderglück und entzückter Wahrnehmung verdanke. Man kann es auch Freude nennen.»

Neugier:
Aha als Lebenselixier

Da haben Sie aber etwas bei mir angerichtet!»

Wir sprachen gerade über die scheinbare Einöde des Rasens, als ich Loki von den winzigen Tieren erzählte, die überall, auch im Moos ihres Gartens, leben und wie kleine Gummibärchen mit acht Stummelbeinchen aussehen. Loki war überrascht, dass sie die sogenannten Bärtierchen nicht kannte, und gleich ging es los, Fragen über Fragen: Wovon leben sie? Kann man sie mit bloßem Auge erkennen? Ach nein? Dann mit einer Lupe?

Als ich sagte, dass die Bärtierchen echte Überlebenskünstler seien, die fast völlig austrocknen können, sich dabei verpuppen und in einen todesähnlichen Zustand fallen lassen, in dem sie extreme Bedingungen überstehen, dass man sie kochen und tieffrieren kann, sogar bei minus 270 Grad, dass sie völligen Sauerstoffentzug überstehen, dazu Vakuumbedingungen und Strahlungsmengen, wie sie nur im Weltall vorkommen, da war es endgültig um Loki geschehen: Hat jemand schon mal ausprobiert, wie lange die Bärtierchen in Trockenstarre fallen? Gibt es sie weltweit? Ob die wohl auch in Namibia in der Wüste leben?

Beim nächsten Mal würde ich ihr ein Bild von einem Bärtierchen mitbringen, versprach ich.

Lokis große Neugier war immer wieder beeindruckend. Das Wort stand ganz am Anfang unseres Kennenlernens – und es zog sich wie ein roter Faden durch unser Jahr.

«Sie sind wohl genauso wie ich: Sie sind nicht nur wissbegierig, sondern neugierig.»

So eröffnete sie zu meiner Überraschung unser erstes Treffen zu zweit, und diese Unterscheidung hat sich bei mir festgehakt: Neugier bedeutet also mehr als Wissenwollen? Seither achte ich besonders auf die Neugier und ihre Erscheinungsformen. Wie aber konnte Loki sie zu so frühem Zeitpunkt schon an mir beobachtet haben?

Bei unserem Kennenlernkaffee hatte ich ihr eines meiner Bücher überreicht, von dem ich dachte, es könne sie vielleicht interessieren, schließlich sollte sie einen Eindruck bekommen, wen sie sich da als Co-Autor eingehandelt hatte: In «Riesenkraken und Tigerwölfe» geht es um Entdeckungen im Tierreich, um nie aufgespürte, seltsame Monster, um überraschende Funde, die auch heute noch möglich sind; ein Buch, das zeigt, dass unsere Welt längst nicht enträtselt ist, sondern voller staunenswerter Wunder und Fragen steckt. Und es geht darin um Menschen, die sich nicht damit abgeben wollen, dass der Phantasie ihrer Kinderträume Grenzen gesetzt sind, die daher eigene und andere Wege gehen, dabei gewinnen oder scheitern. «At least I tried», so lautet ihr Credo: «Dann habe ich es wenigstens versucht.»

Erst später wurde mir bewusst, dass dieses Buch ein Volltreffer bei Loki gewesen sein muss, denn es hat sehr viel mit Neugier zu tun: der Lust, alles um uns herum zu erforschen und zu erkunden, mit möglichst allen Sinnen; dem Drang, den Dingen nachzugehen, sobald man sie für möglich hält.

Denn es könnte gelingen! In dieser Form der Neugier steckt Zuversicht, und die Gefahr, sich zu blamieren, nimmt man getrost in Kauf.

Oder, wie Loki es mal ausdrückte: «Wenn man die Chance bekommt, etwas Neues kennenzulernen, muss man sie doch ergreifen.»[1]

Umso erstaunlicher, dass viele Kinder ermahnt werden: «Sei mal nicht so neugierig!» Weshalb ist die Neugier oftmals unerwünscht? Nur weil dauernde Fragen aus Kindermund anstrengend sind? Oder vielleicht, weil das Wort Gier in ihr steckt? Eine der sieben Todsünden also? Weil Sensationslust und der Drang, durchs Schlüsselloch zu schauen, mit ihr verbunden werden?

Lokis Neugier wurde von klein auf gefördert. Sie durfte fragen und fragen, das war ausdrücklich erwünscht. Ihre Neugier war keine wahllose Suche nach ablenkenden Sensationen, keine Sucht. Nicht das Schnüffeln, um etwas Bestimmtes zu finden, steht im Mittelpunkt, und auch nicht das Ergebnis, sondern vor allem die Erfahrung selbst, und damit einher geht eben oft die Lust, etwas Überraschendes zu erleben.

Dahinter steckt eine Lebenshaltung, sich immer wieder Neuem zu stellen, allein weil man es noch nicht versucht hat. Eine gute Idee sollte man umsetzen. Muss man das nicht sogar?

Als wir ankommen, nieselt es. Ein feuchtwarmer, modriger Geruch nach Sommerwald liegt in der Luft. Die Wege durch die hügelige, grüne Wiesenlandschaft Schleswig-Holsteins wurden zum Schluss immer enger, voller Schotter und Schlaglöcher. Am Tor des zugewachsenen Grundstücks steht kein Namensschild, das dazugehörige Haus ist schon verkauft. An einer zweiten Klingel steht «Wache». Neben dem ehemaligen Wochenendhaus der Schmidts am Brahmsee führt ein Trampelpfad in den Wald, der vor allem aus Birken und Eichen besteht, überall tropft es leise von den Blättern: Plopp, plopp, plopp.

Auf den ersten Blick – ein Wald im Sommerregen.

Auf den zweiten Blick fällt auf: Umgestürzte Baumstämme liegen an vielen Stellen im lichten Wald. Keine Urwaldriesen, aber ein «Urwald» ist es dennoch, eine Wildnis zumindest, die wächst, wie sie will, und zwischendurch ein bisschen an die Taiga erinnert, nur mitten in Norddeutschland. «Es war hier schon mal viel dichter», erzählt mir Hans-Helmut Poppendieck, Lokis langjähriger botanischer Freund, mit dem ich im Sommer 2018 an den Brahmsee gefahren bin. «Vor ein paar Jahren wuchs hier noch ein fast undurchdringliches Brombeerdickicht, meine Frau hatte ganz zerkratzte Arme. Jetzt sind die Brombeeren schon fast verschwunden.» Nur ein paar Triebe ranken hie und da noch am Boden.

Seit Mitte der neunziger Jahre kennt Hans-Helmut Poppendieck diesen Wald und hat bei seinen regelmäßigen Besuchen, oft zusammen mit Loki, die Veränderungen beobachtet, die hier vorgehen: den stillen Kampf der Pflanzen miteinander, ums Licht, ums Überleben. Eine stattliche Eiche steht da inmitten von Birken, mit großen, verzweigten Ästen, von denen viele abgestorben sind. «Einst muss sie frei gestanden haben. Sonst hätte sie nicht so viele Seitenäste entwickelt, um so viel Licht wie möglich einzufangen. Dann kam sie sich mit den anderen Bäumen in die Quere, die emporwuchsen. Viele Äste wurden beschattet und starben ab, weil sie kaum noch Licht bekamen. Die Eiche hat sie aufgegeben, während andere weiterwachsen. So modellieren sich die Bäume selbst. Ich entdecke hier Baumgestalten, wie man sie sonst selten sieht.»

Überall lassen sich Lebensgeschichten beobachten: An einigen Stellen stehen mehrstämmige Birken oder Haselsträucher, deren Stämme sich knapp über dem Erdboden teilen, aber eindeutig zu einer einzelnen Pflanze gehören. «Sie wurden wohl in ihrer Jugend von Rehen verbissen, als hier noch offenes Feld war, und haben sich dann verzweigt.»

Dass hier mal offenes Feld war – für mich kaum vorstellbar. Dabei hatte Loki mir oft von ihrer «Wildnis aus zweiter Hand» erzählt, so nannte sie ihren Wald am Brahmsee stolz. Nun schaute ich mir dieses sechseinhalb Hektar große vegetationskundliche Experiment endlich selbst an. Man kann es auch eine Neugierlandschaft nennen. Denn dass dieser Wald hier wächst, ist ganz allein Lokis Neugier zu verdanken.

Bis 1976 hatte ein Bauer auf diesem Acker «allerletzter Bodengüte», so Lokis Worte, noch Roggen angebaut. Danach lag der Acker brach – und sie beobachtete fasziniert die Veränderungen. Im ersten Jahr war das Feld voller Kornblumen, im zweiten blühten sie nur noch vereinzelt, im dritten gab es kaum noch Blumen, dafür die ersten Birken und Eichen. Da kam sie auf die Idee, dieses brachliegende Feld aufzukaufen – und einfach sich selbst zu überlassen. Aus purer Neugierde, wie das Ganze wohl weitergehen würde, ganz ohne menschliche Eingriffe.

«Ich hatte also diesen Wunsch, und mein Mann hat auch brav mitgemacht.» 1986 kauften die Schmidts das Gelände, und Loki dokumentierte jedes Jahr die erstaunlichen Veränderungen. «Denn wir haben alles geduldet, alles begrüßt, was da sprießen wollte; nichts ausgerupft, nichts hingesetzt.»

Bald wuchs ein kleiner, dichter Hain aus Birken, der sich zu einem lichten Wald mauserte, viele Bäume sind heute über zehn, manche fünfzehn Meter hoch. Ihnen folgten erstaunlich rasch die Eichen: «Mein Mann und ich haben hier gelernt, wie schnell Eichen in den ersten Lebensjahren wachsen, wenn sie denn Platz haben. Es sind schon einige Fachleute da gewesen, und die fragten immer: Aber diese Eiche, die hat da doch vorher schon gestanden? – Nein, das war vorher ein Kornfeld.»

Über zwanzig Baum- und Buscharten siedelten sich ohne menschliches Zutun an, eine Vielzahl von Insekten folgte, außerdem Schmetterlinge und Käfer, dazu Ringelnattern, Marder und Mauswiesel. Mehr als zwanzig Vogelarten brüteten schon 1990 in der neu entstandenen Wildnis, in der immer wieder Überraschungen auftauchten: Woher stammten etwa die Esskastanien? Hat ein Spaziergänger aus dem nahe liegenden Dorf sie fallen lassen – oder ein Eichelhäher oder Eichhörnchen? Wie kam der Pflaumenbaum mit den gelben Früchten dorthin? Hat jemand Kerne ausgespuckt, aus denen er keimte? Bald wurde die Wildnis am Brahmsee zu einem Forschungsobjekt der Kieler Universität: Lokis Urwald, der ungehindert wächst, wurde von Beginn an dokumentiert, zunächst von ihr persönlich, dann von Wissenschaftlern.

Loki wollte hier den ständigen Wandel in der Natur beobachten, mit der natürlichen Dynamik, der Abfolge oder Sukzession von Arten in einem Lebensraum, den man völlig sich selbst überlässt. «Das Phänomen Sukzession war natürlich bekannt. Welche Überraschungen das bietet, wie sich ein solcher Wald entwickelt, das wurde aber so noch nie beobachtet, weil es vorher noch nie jemand gemacht hat», erzählt Poppendieck.

Ein Wald voller Geschichten, voller Fragen, die einem in den Sinn kommen, sobald man hindurchgeht. Wie so oft muss man ein wenig Vorwissen mitbringen; es hilft zum Beispiel, ein paar Pflanzen- und Baumarten zu kennen. Dann grübelt man bald über die persönliche Lebensgeschichte eines jeden Baums und eines jeden Buschs und schaut nach Indizien: Hier eine Mickereiche, die sich durchhungert, dort eine starke Birke, die ihre Nachbarn längst unterdrückt und überlebt hat. Wie lange wohl noch? Und würden die Brombeeren irgendwann ganz von hier verschwinden, so wie auf dem ehemaligen Acker im heutigen Dunkel des Waldes auch keine Kornblumen mehr blühen?

Dieser Wald ist ein Experiment über die Wucht der Natur, über die Kraft, die sie entfaltet, wenn man sie lässt: Sechseinhalb Hektar seit über vierzig Jahren wild wuchernde Neugier, entstanden, weil eine Privatperson und Grundschullehrerin eine Idee hatte und den Mut fand, sie umzusetzen. Eine genial einfache und naheliegende Idee – aber brauchte man wirklich Mut dazu? Was hätte denn passieren können, außer dass man deswegen belächelt wird?

Lokis Wildnis ist ein Ort zum Schwelgen, Entdecken und Spielen. Mittendrin in einem kleinen Sumpf voller Seggen und Sauergräser wächst ein Weidendickicht. Kinder haben durchs Nass einen Weg aus Holzbohlen gelegt; in der Nähe wurden Reisig und große Äste wie zu einer

Wer möchte, kann Lokis Wildnis am Brahmsee betreten: Ihre Neugier ist für alle da. Nur ein bisschen achtgeben sollte man schon.

Art Umfriedung oder Zelt zusammengebunden. «So wollte Loki das auch: dass Kinder hier spielen können», sagt Hans-Helmut Poppendieck.

«Auf Elternabenden habe ich oft einen Vortrag gehalten, wie wichtig es ist, dass sie die Kinder im Matsch rumpatschen lassen», sagte Loki einmal, als wir über Neugier sprachen und darüber, dass sie immer mehr verlorenzugehen scheint. «Danach könnte man die Kinder ja in die Badewanne stecken und abseifen. Dabei finden sie in Parks oder Gärten, die nicht hundertprozentig gepflegt sind, unendlich viel Anregung.»

«Aber Anregung, die sie sich selber schaffen, keine, die ihnen vorgesetzt wird, oder?», fragte ich. «Ist es für Kinder nicht auch wichtig, mal so richtig Langeweile zu haben, Frau Schmidt? Kinder werden heute so zugeschüttet, sie kommen gar nicht mehr dazu, selber etwas zu entwickeln.»

«Ich weiß genau, was Sie meinen, Herr Frenz, denn der Beginn von Langeweile kann bei Kindern Phantasie und Kreativität auslösen, oder wie all die schönen Worte heißen. Wenn da aber kein Raum ist, weil die Kinder vor dem Computer sitzen …»

«Oder weil tausend Dinge für sie organisiert werden: Dann werden sie gar nicht mehr animiert, selbst zu suchen, sondern schnell mit dem Finden abgespeist.»

«Ja, so ist das. Wo es ein bisschen unordentlich ist, da wächst eher etwas Überraschendes und Zauberhaftes.»

Für Überraschungen war Loki immer offen: «Und die Bärchentiere?» Auf wunderbare Weise hatte sie den Namen der Minimonster verdreht. «Darf ich sie jetzt mal sehen?»

Endlich reichte ich ihr ein paar Bilder.

«Die sehen doch wirklich wie Bären aus. Oder wie ganz

pummelige Asseln. Die muss ich unbedingt meinem Mann zeigen. Was haben die denn da am Kopf? Das könnte ein kleiner Saugrüssel sein. Wie schade, dass ich euch noch nie gesehen habe! Haben Sie denn ungefähr eine Vorstellung, wie viele Bärtierchen an einem Grashalm sitzen?»

Natürlich war ich ein wenig vorbereitet und berichtete von der Hochrechnung, die ein Bärtierchen-Liebhaber mal angestellt hatte: «In schlechten Lebensräumen lebt ein Bärtierchen pro Quadratzentimeter. Das heißt, in einem Hof von 40 mal 40 Metern sind das schon Millionen.»

«Da kommen ja Unsummen mit so und so viel Nullen zusammen. Das liegt außerhalb meines Vorstellungsvermögens.»

«Weil dieser Mensch aus München kam, hat er das hochgerechnet und kam auf hundert Milliarden Bärtierchen in der bayrischen Hauptstadt.»

«Mir würde der Grashalm reichen, Herr Frenz. Dass ein Mensch mit einem kleinen mathematischen Fimmel auszurechnen versucht, wie viel Tierchen eine Rasenfläche oder eben München oder sogar die ganze Welt beherbergt, das kann ich mir gut vorstellen. Dann ist er zwar nicht gebildeter geworden, aber er hat seiner Neugierde freien Lauf gelassen.»

«Das ist ja wieder ein schöner Unterschied, Frau Schmidt.»

Einfach drauflosstürmen, der Neugier freien Lauf lassen: Auch darum geht es, und das darf durchaus mal zweckfrei sein. Oft jedoch schließen sich Lücken, oder die Aha-Erlebnisse ergeben plötzlich Sinn, weil sie sich mit bereits vorhandenem Wissen verknüpfen. Bei unseren Gesprächen haben wir das häufig erlebt, denn sie waren kein Abfragen von Wissen oder von Lebensereignissen.

Manches Mal haben wir uns treiben lassen, ausgehend von Grundfragen, von Ideen, von Gedanken. Durch diese ungezwungene Atmosphäre kamen wir immer wieder auf neue Einfälle. Wenn ein solcher Gedanke nicht weiterführte, haben wir ihn eben verworfen – und woanders weitergesucht.

Einmal brachte ich einen Eichenzweig mit, den ich unterwegs aufgelesen hatte, voller trockenem Laub, dazu ein paar reife Eicheln in ihren Hütchen. Plötzlich stand die Frage im Raum, welche Blätter im Herbst eigentlich am lautesten rascheln, und schnell waren wir uns einig: die der Eiche. Wir überlegten, weshalb das so sein könnte, aber am meisten überraschte uns, dass wir uns da so sicher waren.

«Wir haben beide nicht darüber nachgedacht, aber wir waren derselben Meinung: Eichenblätter rascheln mehr», staunte Loki.

«Und dabei sitzen wir hier nur am Tisch bei unseren Expeditionen und kommen doch auf, ja, neue Erkenntnisse.»

«Aber Herr Frenz, dass wir das gemeinsam entdeckt haben, ist doch schön, nicht?»

Neugierforscher wie der Amerikaner Todd Kashdan von der George Mason University bei Washington D.C. bescheinigen neugierigen Menschen ein höheres Maß an Lebenslust und Zufriedenheit. Die Neugier wirke dabei lebensverlängernd: Bei seiner Langzeitstudie mit über zweitausend Menschen zwischen sechzig und sechsundachtzig Jahren über fünf Jahre hinweg hatten die Neugierigen eine deutlich höhere Lebenserwartung, selbst wenn sie mit Risikofaktoren behaftet waren wie Krebserkrankungen, ungesunder Ernährung oder – was Kashdan besonders betont – dem Rauchen.[2]

Interessant ist, dass andere Sprachen «Neugier» viel positiver ausdrücken: Das englische *curious* und das französische *curieux* gehen auf den lateinischen Begriff *curiosus* zurück. Und das bedeutet eben auch *sorgfältig*, *aufmerksam*, *eifrig* und *besorgt*. Ein völlig anderer, nicht so sensationsgieriger Ansatz für unsere Neugierde, viel lokiesker: eine Neugier, die mit Wundern und Staunen beginnt und die aus dem Interesse das Kümmern folgen lässt, Verantwortung also.

Neugieriges Kümmern jedenfalls zieht sich durch Lokis Leben. Genauso wie die Bereitschaft, sich immer wieder auf Neues einzulassen und sich dem zu stellen, was das Schicksal für sie bereithielt: Ihre zweite Lebenshälfte sollte viele solcher neuen Herausforderungen bringen.

Kanzlergattin: Ein Leben als Frau Deutschland

Zu entdecken gab es im Hause der Schmidts viel, allein schon, wenn man ins Wohnzimmer kam: Alles voller Geschichten, voller Geschichte! Natürlich die sympathisch abgesessenen Ledersofas, auf denen sich schon der sowjetische Staatschef Leonid Breschnew, der amerikanische Außenminister Henry Kissinger und der spanische König Juan Carlos niedergelassen hatten; die «Kneipe», jene kleine Hausbar voller Buddelschiffe und Schnapsflaschen, an der Helmut Schmidt den französischen Staatspräsidenten Valéry Giscard d'Estaing bewirtet hatte. Oder die Glasvitrine gleich neben der Tür – Mitbringsel und Geschenke aus aller Welt wurden darin aufbewahrt, Kunst und Nippes, Halbedelsteindrusen, Fossilien und prähistorische Feuersteinklingen kündeten von dem prallen Leben der Schmidts und ihrem Sammeldrang.

Meine Lieblingsentdeckung machte ich woanders. Wenn Loki und ich im Wohnzimmer saßen und nicht im etwas abgelegenen Arbeitszimmer, dann ergab sich für mich die regelmäßige Dringlichkeit, die Gästetoilette aufzusuchen, die wie in jedem guten Reihenhaus direkt an der Eingangstür lag. Und dort standen vier Figuren auf einem Bord, vielleicht handhoch. Ihre übergroßen Köpfe erinnerten mich an die «Schwellköpp» der Mainzer Fastnacht, Karikaturen also. In zwei Paaren standen sie einander gegenüber: Drei der vier waren Helmut Schmidt, die vierte – Franz Josef Strauß.

Was für ein Humor, den einstigen politischen Gegner an einem so speziellen Ort zu würdigen und ihm damit durchaus Respekt zu zollen – auf Schmidt'sche Art natürlich: «Dreifach bin ich dir überlegen», so interpretierte ich das Ensemble auf dem Gästeklo. Gewiss im Bewusstsein, dass ein Strauß kontern könnte: «Es braucht drei Helmut Schmidts, um gegen mich anzustinken.»

Einmal erwähnte ich gegenüber Loki, wie sehr mich der Anblick der Figuren amüsierte und wie ich sie deutete.

«Die beiden haben sich tatsächlich geschätzt», erzählte sie. «Sie haben öfter mal ein Bier zusammen getrunken. Franz Josef Strauß kam manchmal abends in den Kanzlerbungalow, ohne dass es jemand mitbekommen hat. Es gab ja nicht so viele, mit denen man sich auf diesem Niveau duellieren konnte.»

Dann machte sie eine Pause.

«Ich habe Franz Josef Strauß aber nicht gemocht.»

«Wieso nicht?»

Wieder eine Pause.

«Jedes Mal, wenn er mich traf, hat er mir in den Po gekniffen.»

Damit hatte ich nicht gerechnet. Lokis Tonfall lag zwischen *not amused* und einem eher lächelnden «Was ist das lange her, was waren das für Zeiten!». Noch heute bin ich genauso perplex wie in jenem Moment, als mir die Worte fehlten. Dass Sexismus zur Normalität der Bonner Republik gehört hatte – und wohl nicht nur in Form von Herrenwitzen, sondern durchaus handgreiflich –, das hatte ich geahnt. Aber ein Politiker, der der Gattin eines Konkurrenten in den Po kniff, sogar der selbstbewussten und wortgewandten Loki Schmidt, das war doch verblüffend.

Loki in Bonn: Damals herrschten noch andere Sitten, so viel zumindest verdeutlicht diese Anekdote. Für die Grundschullehrerin aus Hamburg war die Regierungsstadt am Rhein ohnehin ein fremder Kosmos, auch wenn sie schon zuvor an der Seite eines aufstrebenden Politikers gestanden hatte. Doch in Bonn war ihre Rolle als Frau eine vollkommen andere.

Von 1953 bis 1961, als Helmut Schmidt Abgeordneter im Deutschen Bundestag war, sah seine Familie ihn fast nur an den Wochenenden. Loki war in diesen Jahren quasi alleinerziehende Mutter, zudem berufstätig. Wie ungewöhnlich das war, zeigt der Umstand, dass Frauen damals nach dem Gesetz noch die Erlaubnis ihres Mannes brauchten, um einer Arbeit nachzugehen.

Loki behielt ihren geliebten Beruf auch, als Helmut Schmidt 1961 Innensenator in Hamburg wurde und nach der großen Sturmflut 1962 als Krisenmanager und «Schmidt Schnauze» bundesweit populär wurde. Ab 1965 war er wieder Bundestagsabgeordneter in Bonn, zunächst als stellvertretender SPD-Fraktionsvorsitzender, zwei Jahre später während der ersten Großen Koalition als Fraktionsvorsitzender. Als 1969 die sozialliberale Koalition gebildet wurde und Helmut das Verteidigungsministerium übernahm, beschlossen die Schmidts gemeinsam, dass Loki nun nach Bonn kommen sollte, um bei den zahlreichen öffentlichen Anlässen an seiner Seite zu sein. Loki war da in ihrem fünfzigsten Lebensjahr.

Beiden war immer klar: «Bonn ist Arbeit, Hamburg ist Zuhause.» Das Heim am Neubergerweg sollte ihr Lebensmittelpunkt bleiben, zu dem sie regelmäßig zurückkehrten, genauso wie zum kleinen Urlaubsdomizil am Brahmsee. Daher ließ sich Loki zunächst vorübergehend und unbezahlt vom Schuldienst beurlauben, aber irgendwann forderte das Schulamt, dass sie entweder in den Beruf zurückkehre oder ihn ganz aufgebe. «Wütend» sei sie darüber gewesen, erzählte sie einmal.[1] Denn sie hatte durchaus vor, nach der Bonner Zeit wieder als Lehrerin zu arbeiten. Von den Pensionsansprüchen, die Loki ausgezahlt wurden, erweiterten die Schmidts immerhin das Ferienhaus am Brahmsee.

Für Loki hatte der Schritt nach Bonn also grundlegende Konsequenzen: Sie gab ihren Beruf auf, der ihr Unabhängigkeit beschert hatte, und begann, was sie ihr «zweites Leben» nannte: das der «Angeheirateten der Politik». Ein Leben, das sie bundesweit bekannt und beliebt machte. Was wiederum die Grundlage für ihr späteres «drittes Leben» bildete.

Dabei war Loki nie die klassische Version der tapferen Politikerfrau, die unauffällige Gefährtin an der Seite des mächtigen Mannes, zuständig für Heim und Herd und niedliche Kinderbilder, die im Schatten des Gatten lebte. Sie interpretierte ihre Rolle auf eigene Art – und für damalige Verhältnisse überraschend.

In Bonn gab es ein «Teilleben hinter den Kulissen», das durchaus wichtig war, so beschrieb Loki es mir, von dem man oft wenig erfuhr. Und in dem sie mit ihrer nahbaren und pragmatischen Art schon bald ein wenig aufräumte, vor allem im verkrusteten Protokoll des Verteidigungsministeriums. Sie mischte sich in die Planung von Veranstaltungen ein, hielt mit ihrer Einschätzung nicht hinterm Berg – und war sich dabei nicht zu fein, auf die ganz normalen menschlichen Bedürfnisse hinzuweisen, die man als Gastgeber beachten sollte: «Da muss doch bei einer Tagung spätestens nach zwei Stunden eine Pause sein. ‹Wieso?›, haben die Protokollbeamten dann gefragt. Ja, die Damen müssen sich schließlich alle ‹pudern› in der Pause, so habe ich das zu erklären versucht. Und ich glaube, die Männer müssen auch. Die hätten nie eine Pinkelpause eingeplant.»

Bald merkte sie, wie sie etwas bewirken konnte: «Ich bekomme allmählich ein Gespür für die Möglichkeiten der Zusammenarbeit, kann in Gesprächen vieles anregen und Leute in Bewegung setzen. Das sah ich vorerst als meine Aufgabe an.»[2]

Auch ein anderes Mal bei einer internationalen Kommandeurstagung in Bayern, mit «lauter Offizieren samt Anhang», verhinderte sie ein protokollarisches Missgeschick: «Nachts im Bett fiel mir ein, was wir heute besprochen haben. Und plötzlich denke ich: Wir müssen ja mit einem Sonderzug nach München fahren und der muss außerhalb des Bahnsteigs halten. Wie sollen die ganzen Damen mit hochhackigen Schuhen und Abendkleidern über den Schotter kommen? Am nächsten Tag mache ich den Protokollchef darauf aufmerksam. Oh Gott, ja, wie gut, dass Sie sich die Situation der Damen vorgestellt haben! Machen Sie sich bitte gar keine Gedanken mehr. Sie haben uns schon geholfen. Dann stellten sie Munitionskisten vor jede Zugtür, mit Matten drauf, und bei jedem Munitionskistenhaufen stand ein Soldat und half den Damen, lächelte freundlich, sagte:

Guten Abend, gnädige Frau! Und höserte die raus aus dem Zug. Das war makellos.»

Als Helmut Schmidt im Dezember 1972 das Finanzministerium übernahm, entfielen solche Repräsentations- und Organisationsaufgaben aus dem Verteidigungsressort, die Loki irgendwann durchaus Freude bereitet hatten. Nun hatte sie mehr Zeit und begann eigene Projekte. Weil in den Krankenhäusern akuter Schwesternmangel herrschte und im Falle einer Katastrophe Zehntausende von Fachkräften fehlen würden, absolvierte sie kurzerhand und inkognito einen Kursus zur Schwesternhelferin – samt vierwöchigem Praktikum im Bonner Sankt-Petrus-Krankenhaus: «Schwester Hannelore», die Frau des Finanzministers, wurde von den Patienten nicht erkannt.[3]

Nach dem Rücktritt Willy Brandts wurde Helmut Schmidt im Mai 1974 zum Bundeskanzler gewählt; Loki stand nun viel mehr im Licht der Öffentlichkeit. Gewisse «Boshaftigkeiten» kannte sie schon aus ihrer Zeit als Gattin des Innensenators: Bei einem Empfang etwa hatte sie von einer Hamburger Dame zu hören bekommen, dass sie Lokis schönes Kleid schon im vergangenen Jahr habe bewundern dürfen. Einen solchen «Klamottenkult in Bonn» wollte Loki nicht mitmachen.[4] Wie aber musste sie sich bei den neuen repräsentativen Aufgaben verhalten? Wie mit ihren Eigenheiten umgehen?

«Du hast ja wohl einen Vogel, dich irgendwie zu verbiegen. Du hast über die Hälfte deines Lebens hinter dir, und wer dich nicht leiden mag, hat selber schuld.»[5] So fragte sie sich durchaus, ob sie nicht eine «gepflegtere Sprache» sprechen müsse, aber die Antwort war eigentlich klar: «Du redest hamburgisch, daran müssen sich die Leute gewöhnen. Du bist du. Erstens ist es eine schöne Sprache, zweitens ist es meine Sprache ... Das habe ich mir immer wieder gesagt.»[6]

Loki war die erste Gattin eines Bundeskanzlers, die zuvor lange berufstätig gewesen war. Und arbeiten wollte sie auch weiterhin, wenn es auch nicht unbedingt Erwerbsarbeit war. «Ich kann nicht herumsitzen und nichts tun», das galt für Loki bis ins hohe Alter.[7] So bescherte Loki der Bonner Republik lauter «erste Male»: «Eine postbeantwortende Kanzlerfrau hatte es vorher nicht gegeben. Ich war die Erste, die ihre Post selbst öffnete und meist auch beantwortete.»[8] Weil immer mehr Bürger ihr schrieben, wurde eine Halbtagskraft eingestellt, um ihr bei der Korrespondenz zu helfen.

Und sie ergriff die Chance, um in die Welt zu kommen: zu Mao nach China, zu Hirohito nach Japan, in die USA, nach Afrika, Asien und Australien. Allein schon aus Neugier war sie oft mit auf Reisen und Staatsbesuchen – und wenn der Kanzler sich im Regierungsflugzeug zu den Journalisten setzte, kam sie selbstverständlich mit dazu. So zeigten die beiden Schmidts ein Selbstverständnis als modernes Paar, das bislang nicht üblich war und vielleicht auch die Popularität der beiden in späten Jahren mitbegründete. Loki unterstützte ihren Mann in Wahlkämpfen, ja, sie wurde für ihn zum Imagefaktor.

Eines war ihr dabei immer bewusst, ob im In- oder Ausland: «Du stehst hier nicht als Frau Schmidt, sondern als Frau Deutschland.»[9] Da wollte sie natürlich eine gute Figur machen, auch wenn es, wie sie erzählte, manchmal Mühe kostete, sich ständig unter Kontrolle zu halten und den schnell wechselnden Situationen anzupassen.

1976 war Loki mit ihrem Mann auf Staatsbesuch in Saudi-Arabien – in Saudi-Arabien, wo man in der «Frauenfrage» alles andere als aufgeschlossen war, wo Frauen keinen Pass besitzen durften und erst im Jahre 2018, über vierzig Jahre nach Lokis Besuch, einen Führerschein machen konnten. Doch es geschah etwas vollkommen Unerwartetes:

«Es gibt Augenblicke, die man nicht vergisst. Zum Beispiel, als bei der Ankunft in Saudi-Arabien neben dem offiziellen roten Teppich ein kleiner roter Teppich lag, auf den ich gestellt wurde. Der große war für die beiden Herren, und am Ende stand die Kapelle, die die Nationalhymnen spielte, wie es sich gehörte. Da habe ich plötzlich gedacht: Du stehst hier für alle Frauen der Welt. Ich kam mir selbst albern vor bei solchen Gedanken. Aber es war in einem arabischen Land, es war wirklich etwas Besonderes.» Nur eine kleine Errungenschaft, mag man aus heutiger Perspektive denken, gab es doch immer noch *zwei verschiedene* Teppiche. Für Loki war es im Jahre 1976 dennoch ein Ereignis: Auf diese Weise hatten die Saudis noch nie eine Frau geehrt; noch nie durfte hier eine Frau an der offiziellen Ankunftszeremonie teilnehmen.

Nach außen war Loki die repräsentierende Kanzlergattin, nach innen wirkte sie als autonome Persönlichkeit mit eigenen Arbeitsschwerpunkten. Als «vorzeigbares Anhängsel» beschrieb sie sich nur halb im Spaß – sie sah sich gern als Stütze ihres Mannes. Mit ihrer zugewandten Persönlichkeit glich sie seine Defizite aus und hielt ihm den Rücken frei. Hans-Jürgen Wischnewski, Schmidts Staatsminister im Bundeskanzleramt, beschrieb das einmal so: «Ich habe oft erlebt, dass sich Loki um die Kabinettskollegen und auch Mitarbeiter gekümmert hat, die mit dem Chef einen

Konflikt hatten ... Wer seine Aufgaben als Bundeskanzler besonders ernst nimmt, ... der ist immer der Gefahr ausgesetzt, dass ihm das Menschliche verloren geht. In dieser Hinsicht war Loki das große Glück für den Bundeskanzler Helmut Schmidt.»[10]

Und der wusste, was er an ihr hatte, wie gut sie Wunden heilen konnte. In seinem letzten Buch schrieb er: «Loki war viel geduldiger als ich, und sie besaß die wunderbare Fähigkeit, sich in andere Menschen einzufühlen. Loki war ein nachsichtiger, großzügiger und warmherziger Mensch. Sie ging gern auf Menschen zu und hat immer ausgleichend gewirkt. Ich hingegen galt manchen Außenstehenden als schroff. Loki hat sicher manchen Riss gekittet.»[11]

Auf seine Gefährtin konnte er sich immer verlassen, auch in den wohl schwersten Stunden seiner Kanzlerschaft, während des RAF-Terrors, der Entführung des Arbeitgeberpräsidenten Hanns Martin Schleyer und des Lufthansaflugzeugs «Landshut».

An die Sicherheitsbeamten um sie herum mussten sich beide gewöhnen, als Helmut Schmidt Kanzler wurde. Während des Deutschen Herbstes waren sie die «bestbewachten Gefangenen der Bundesrepublik»[12]: Das Sicherheitspersonal wurde aufgestockt, die Wagen gepanzert, auch Loki wurde bei offiziellen Terminen von schwer bewaffneten Beamten des BKA begleitet.[13] Jahre später belegten Fotos, die man bei Terroristen fand, dass sie beim Einkaufen ausgespäht worden war.

Schon im April 1975 nach dem Überfall auf die Botschaft in Stockholm, bei der zwei Botschaftsangehörige von Terroristen getötet und mehrere als Geiseln genommen worden waren, um gegen inhaftierte RAF-Mitglieder aus-

Sofadiplomatie in Hamburg-Langenhorn: Die private Atmosphäre am Neubergerweg schuf Vertrauen bei schwierigen Gesprächen mit ausländischen Staatsgästen, auch weil die Schmidts so «normal» wohnten. Hier beim Besuch des sowjetischen Staats- und Parteichefs Leonid Breschnew 1978.

Unser Jahrhundert im Bild

getauscht zu werden, fassten die Schmidts bei einem nächtlichen Spaziergang durch den Park des Kanzleramts einen Entschluss: «Helmut und ich haben damals ausgemacht, wenn einer von uns beiden gekidnappt wird, darf der andere keine Forderungen der Kidnapper erfüllen.»[14] Oder genauer ausgedrückt: Der Staat solle es ablehnen, sie gegen Gefangene auszutauschen. Denn der Staat dürfe nicht erpressbar sein, das war ihre gemeinsame Überzeugung. «Den Entschluss dazu hatten wir beide unabhängig voneinander gefasst. Wir hatten dann ein ruhigeres Gefühl.»[15] Sie hielten die Entscheidung gleich am nächsten Morgen fest und hinterlegten sie beim Kanzleramtschef. Es war eine Frage der Glaubwürdigkeit: Nur was man sich selbst zumutet, kann man auch anderen zumuten.

«Zur Rettung eines geliebten Menschen muss man doch alles versuchen!», wandte Giovanni di Lorenzo, der Chefredakteur der «Zeit», in einem Gespräch ein, das er 2007, dreißig Jahre nach der Schleyer-Entführung, mit Helmut Schmidt über diese «Grenzerfahrungen im Leben» führte.[16] Loki saß während des gesamten Interviews mit am Tisch. Sie habe zunächst nur zuhören wollen, schreibt di Lorenzo, doch dann ergriff sie das Wort:

«Sie sind nie in dieser Situation gewesen», bekräftigte sie den gemeinsamen Entschluss.

Im März 1975 hatte Helmut Schmidt bei der Entführung des Berliner CDU-Politikers Peter Lorenz entschieden, fünf inhaftierte Terroristen freizulassen, um das Leben der Geisel zu retten. «Das war verkehrt», sagten Helmut und Loki Schmidt über drei Jahrzehnte später wie aus einem Munde. Weil diese Entführung aus Sicht der Terroristen geglückt war, versuchten sie es nun wieder – und eine solche Erpressung sollte nicht noch einmal gelingen. Es ist erstaunlich: Selbst dreißig Jahre später war es Loki wichtig, bei diesem Gespräch dabei zu sein. Man kann nur ahnen, wie sehr sie ihrem Mann damals zur Seite gestanden hatte.

Der Deutsche Herbst war für sie eine lange Phase immensen Drucks. «Wer sich den Begriff ausgedacht hat, weiß ich nicht – aber wir haben nicht nur psychisch und physisch darunter gelitten.»[17] Tochter Susanne wollte nach ihrem Studium der Volkswirtschaft bei einer Zweigstelle der Deutschen Bank in Lüneburg arbeiten; doch dort hatte man Bedenken und glaubte, den Kunden das bewaffnete Sicherheitspersonal nicht zumuten zu können. Susanne Schmidt verließ Deutschland 1980, lernte in London ihren späteren Mann kennen – und blieb in England. «Das ist der ganz persönliche Preis», so Loki, «den wir für diese Zeit bezahlt haben.»[18]

Die anstrengenden Jahre als Kanzlergattin, dieses «etwas seltsame andere Leben», hatten also schwerwiegende Folgen für Loki, in vielerlei Hinsicht. Schon während der Bonner Jahre fing sie damit an, ihr «eigenes Ding» zu machen. Loki nutzte ihre Popularität und die Verbindungen, die sie knüpfen konnte, um ihrem Leben eine ganz neue Wendung zu geben. Oder wie sie selbst es ausdrückte: «Ich habe den Namen meines Mannes schamlos ausgenutzt.»

Forschen: Kinderträume, Gin und Klopapier

Habe ich Ihnen schon erzählt, dass ich in Sydney mal ein Schnabeltier gestreichelt habe? Weich und samtig war der Schnabel, gar nicht hart. Sonst fühlte es sich an wie eine kleine nasse Katze.»

«Da werde ich ganz neidisch.»

«Das kann ich mir vorstellen. Aber Sie waren ja auch nicht mit einem Bundeskanzler verheiratet!»

Bei Staatsbesuchen mussten sich die Protokollbeamten daran gewöhnen, dass eine Loki Schmidt ausgefallenere Wünsche fürs Damenprogramm äußerte: Die schicken Einkaufszentren der Hauptstädte ließ sie links liegen und besuchte lieber Botanische oder Zoologische Gärten und Naturkundemuseen.

Loki führte in Bonn ein volles Leben zwischen Präsentierteller, Wahlkämpfen und Glamour. Diese Pflichten erfüllte sie durchaus, jedoch interpretierte sie sie anders als die Kanzlergattinnen zuvor. Was sie in jenen Jahren erlebte, ging weit über die offiziellen Staatsbesuche an der Seite ihres Mannes hinaus: «Eine Menge von der Welt gesehen» hätten sie beide, erzählte Loki einmal. Oft aber «aus sehr unterschiedlichen Perspektiven». Ihr Mann kenne mehr

Hotels als sie – denn «für den, der mit Zelt unterwegs ist und in Gebüschen herumkriecht, sieht ein Land nun mal anders aus. Wahrscheinlich interessanter.»[1]

In jener anstrengenden Bonner Zeit hat Loki mit großer Klarheit eine Chance gesehen, die sich ihr bot. Und sie hat zugegriffen: «Wer hat schon das Glück, sich Teile von Kinderträumen, wenn auch in veränderter Form, später erfüllen zu können. Das Glück haben nicht viele», sagte sie mal zu mir.

Die Erfüllung der Kinderträume begann im Januar 1976, als sie im kenianischen Nairobi aus dem Flugzeug stieg, nur von ihrem Sicherheitsbeamten Günter Warnholz begleitet. Seit gut anderthalb Jahren als Kanzlergattin war ihr Terminkalender eng getaktet, voller großer und kleiner protokollarischer Pflichten, voller Staatsbesuche und existenzieller Entscheidungen: In den Monaten zuvor hatte sie Mao Zedong in Peking die Hand geschüttelt und mit ihrem Mann beschlossen, sich im Falle einer Geiselnahme nicht austauschen zu lassen. Und nun verschwand sie für ein paar Wochen aus dem «Schaufenster der Nation» in die kenianische Wildnis am Nakuru-See. Hier legte sie sich ins sogenannte Grab, eine Art Beobachtungsgrube, die mit Brettern abgedeckt wurde, um hinter einer Glasscheibe in der afrikanischen Erde steckend junge Königsfischer, Verwandte unseres Eisvogels, zu beobachten, die von ihren Eltern in einer Bruthöhle großgezogen wurden.

«Das war die erste meiner wissenschaftlichen Kleinarbeiten für die Max-Planck-Gesellschaft», erzählte sie mir stolz – mit der typisch lokiesken Verkleinerung ihrer eigenen Aufgabe.

Im Alter von siebenundfünfzig Jahren, wenn andere längst den baldigen Ruhestand im Sinn haben, begann Loki etwas völlig Neues: ihr «drittes Leben», ihre biologische Karriere inklusive anstrengender Forschungsreisen rund um die Welt. Diese Wendung hat sie konsequent verfolgt, als sie begriff, welche Möglichkeiten ihr die Ämter ihres Mannes boten.

Sie war noch Gattin des Verteidigungsministers, sagte sie, «da habe ich mich 1972 an den schon gewählten, aber noch nicht im Amt befindlichen Chef der Max-Planck-Gesellschaft herangemacht – es war auf einer Geburtstagsgesellschaft, und da konnte man mit jedem reden. Noch heute sind wir mit Reimar Lüst befreundet, der als Astrophysiker ja viel lieber in den Himmel guckt.»

Zielstrebig baute Loki ihr Netzwerk in der deutschen Forschungslandschaft aus. Als sie im Sommer 1975 bei einer Veranstaltung mit Wolfgang Wickler vom Max-Planck-Institut für Verhaltensphysiologie in Seewiesen ins Gespräch kam, erzählte der, wie schwierig es sei, «geeignete Jungforscher zu finden, die sich für einen längeren Aufenthalt im normalen Lebensraum der Tiere begeistern ließen, statt im Labor zu arbeiten. Loki erwähnte, es sei ein alter Traum von ihr, einmal selbst in der Natur zu forschen.»[2] Hilfskräfte im Feld, antwortete Wickler halb im Scherz, bräuchten sie immer. «Loki kam nach einiger Zeit an den Tisch zurück und fragte, ob ich meine Aussage ernst meinte und sich das tatsächlich machen ließe», schreibt Wickler in seinem Buch über Lokis wissenschaftliche Reisen. Ihre Bedingung sei aber, dass sie Reise und Aufenthalt privat finanziere und nicht die Max-Planck-Gesellschaft, außerdem «keinerlei politisches Aufsehen und keine Presse»; Wicklers Bedingung: ein minimaler Begleittross.

So also begann Lokis «drittes» Leben, zunächst als Forscherin in Kenia: Der junge Biologe Heinz-Ulrich Reyer erforschte dort mit seiner Frau das Verhalten zweier Königsfischerarten und brauchte dafür jemand mit botanischen Kenntnissen: Loki Schmidt war ihm als Mitarbeiterin in Aussicht gestellt worden – und die brachte zum Einstand in ihr Forscherleben Klopapier und eine Flasche Gin mit.

«Wir hatten von dem Botschafter in Nairobi gehört, dass Klopapier vor Ort knapp ist, und ich wollte gern Gin für meinen Gin Tonic haben. Also wurde ich vom Botschafter-Ehepaar mit Klopapierrollen und mit Gin ausgestattet, um das meinen zukünftigen Gastgebern gleich zu Beginn zu überreichen.»

Loki half beim Fangen und Beringen der Vögel, beobachtete im «Grab» die Küken, vor allem aber kartierte sie die Vegetation im Lebensraum der Eisvögel, sammelte und bestimmte die Pflanzenarten, wie hoch sie wuchsen, wie dicht sie standen – eine klassische Biotopaufnahme, ähnlich wie damals in dem kleinen Moor bei Neugraben, über das sie ihre erste Jahresarbeit geschrieben hatte. Sicherheitsbeamter Warnholz hielt weniger nach verdächtigen Personen Ausschau, sondern vielmehr nach Flusspferden oder Büffeln im nächsten Gebüsch.

Weil in Deutschland natürlich auffiel, dass die Gattin des Kanzlers von der Bildfläche verschwunden war, teilte das Bundeskanzleramt nach zwei Wochen mit, dass Loki zu einer Forschungsreise aufgebrochen sei. Vor dem Abflug aus Nairobi gab sie eine kleine Pressekonferenz in der deutschen Botschaft, auf der sie über die drei Wochen am

Nakuru-See berichtete. Obwohl sie betonte, dass sie alles privat bezahlt habe, wurde darüber kaum berichtet. Also hagelte es erzürnte Briefe, in denen die Leute fragten, «aus welchen Haushaltsmitteln denn einer einfachen Volksschullehrerin eine Blumenreise finanziert wurde», erinnert sich Wolfgang Wickler.[3] Die Affäre habe sich schließlich aufgelöst, so erzählte Loki mir vergnügt, nachdem Reimar Lüst und Wolfgang Wickler einen Brief aufsetzten, indem sie versicherten, dass Loki alles selbst bezahle, die Arbeit unentgeltlich mache und damit der Max-Planck-Gesellschaft viel Geld erspare.

Loki war auf den Geschmack gekommen und fortan beinahe jedes Jahr drei bis vier Wochen im «Urlaub» in abgelegenen Weltregionen, oft im Rahmen von Forschungsarbeiten der Max-Planck-Gesellschaft: Schon im darauffolgenden Jahr besuchte sie gemeinsam mit Wolfgang Wickler die Galapagos-Inseln, wo sie unter anderem die «Darwin-Finken» beobachtete, deren unterschiedliche Schnabelformen Charles Darwin entscheidende Anstöße zur Formulierung der Evolutionstheorie gegeben hatten.

Dieses Mal wollten Journalisten die Reise von Anfang an begleiten und Lokis Forschungsschiff mit eigenem Boot verfolgen, sehr zu deren Missfallen. Doch es gelang, die Presseleute abzuwimmeln: Früher als angekündigt verließ der kleine Forschertrupp mitten in der Nacht den Hafen. Seine Unterkunft für die nächsten Wochen war «ein nicht mehr ganz taufrisches, aber seetüchtiges Fischerboot».[4]

Damit Loki inkognito bleiben konnte, wurde auch dem Kapitän nicht erzählt, wen er da an Bord hatte; der Sicherheitsbeamte wurde als Lokis Bräutigam ausgegeben. Es gab sowieso nur zwei Räume unter Deck für sechs Personen:

Im «Grab» begann ihr drittes Leben: Die Beobachtung kenianischer Königsfischerküken in einer Bruthöhle unter der Erde stand am Anfang von Lokis Karriere als Forscherin und Naturschützerin.

einen «Wohnraum» samt Matratzenlager und eine «Lieber-nicht-hinguck-Küche», in der schon mal Schaben im Kakao schwammen. Man wusch sich mit Meerwasser, die Toilette war ein «Plumpsklo in den Ozean» – keine der heute üblichen Touristenkreuzfahrten also, sondern eine echte Forschungsreise, unbequemer als die nach Kenia.

Weil die Gruppe mit einer uneingeschränkten Forschungsgenehmigung unterwegs war, hatte sie privilegierten Zugang zu allen Inseln. Loki war begeistert von den Tierbegegnungen mit fast zahmen Meerechsen, Riesenschildkröten, Tölpeln und natürlich den Darwin-Finken sowie den «kleinen, niedlichen Pinguinen, die wie alle Tiere, die da zu Hause sind, keine Scheu vor Menschen haben und einen in die Wade zwicken», und sie übernahm wieder den botanischen Part der Auswertungen.

«Vielleicht ist das meine Form, mit der Tatsache fertig zu werden, dass ich älter werde. Dann bekennt man sich auch eher zu seiner Abenteuerlust: Nun will ich das. Nun mach ich das», so wurde sie nach der Reise im «Spiegel» zitiert.[5]

Und die Abenteuerlust hat sie noch oft gepackt. Waren wir mit unserem Tagesthema durch, fragte Loki manchmal: «Wollen wir noch ein büschen gegenseitig angeben, Herr Frenz?» Und dann erzählten wir uns von unseren Abenteuerreisen und Expeditionen um die Welt. Sie entführte mich nach Borneo, wo sie mit verwaisten Orang-Utans gespielt hatte, die ausgewildert werden sollten, und wo sie insektenfressende Kannenpflanzen im Urwald bewunderte. An brasilianischen Stränden beobachtete sie gemeinsam mit dem Tierfilmer Heinz Sielmann und mit Arnd Wünschmann vom WWF das Schlüpfen kleiner Meeresschildkröten: «Bei mir passten drei auf die Hand. Abends, wenn sie rausgekrabbelt kamen, haben wir sie in Pappkästen eingesammelt und sie dann bei Flut bis zum Wasser gebracht.»

Bei einer Reise in die Antarktis entdeckte sie vor dem Gewächshaus der polnischen Forschungsstation einen alten Bekannten aus Kinderzeiten: «Da war ein ziemlich großer Fleck und stach natürlich mit diesem Knallegrün richtig ins Auge.» Es war *Poa annua*, das Einjährige Rispengras, das sie schon als kleines Mädchen im dunklen Hinterhof der Terrassenwohnung entdeckt hatte. «Wahrscheinlich kam das als Samen mit den Forschern hierher. Wobei ich sehr stolz bin, dass ich mit diesem Gras alle drei Blütenpflanzen der Antarktis entdeckt habe.» Denn neben Farnen und Moosen wachsen auf dem eisigen Kontinent nur zwei einheimische Blütenpflanzen – und die hat Loki auch gefunden.

Auf Neukaledonien bestaunte sie die Vielfalt an Araukarien und jene Pflanzen, die dort an giftigen, schwermetallhaltigen Standorten überlebten. Dank des sowjetischen Außenministers Andrei Gromyko, den sie 1979 während des Staatsbesuchs von Leonid Breschnew ebenfalls in Langenhorn bewirtet hatte, bekam sie 1984 die Genehmigung, im Kaukasus nach seltenen Orchideen zu suchen. Und immer wieder zog es Loki nach Amazonien mit seinen Schwemmwäldern, in denen viele Bäume monatelang zehn, fünfzehn Meter tief im Wasser stehen.

Als 1982 die sozialliberale Koalition in schweres Fahrwasser kam, ermunterte sie ihr Mann, nicht auf die geplante Reise nach Amazonien zu verzichten, denn das Ganze würde sich wohl noch hinziehen.[6] Als sie dort am 1. Oktober vom erfolgreichen Misstrauensvotum gegen ihn erfuhr, beschloss sie, die Reise abzubrechen – und fand zwei Tage später ihren Mann als Exkanzler recht entspannt daheim in Langenhorn vor.

Was Loki antrieb, war mehr als reine Abenteuerlust. Bei vielen dieser Reisen übernahm sie vollwertige wissenschaftliche Aufgaben und kniete sich im wahrsten Wortsinne tief hinein. In Kenia etwa hatte sie Vegetationskarten erstellt und dabei sogar drei Pflanzenarten gefunden, die für das Gebiet am Nakuru-See noch nie beschrieben worden waren. Die Feldstudien über die Königsfischer wurden später im «Journal of Animal Ecology» publiziert – mit Loki als Co-Autorin; es war ihre erste wissenschaftliche Publikation. Zunehmend traten internationale naturschützerische Aspekte in den Blickpunkt ihrer Reisen, ob auf Galapagos, wo Flora und Fauna durch von Seefahrern eingeschleppte und verwilderte Haustiere bedroht sind; ob im Kaukasus, wo sie die seltenen Orchideen kartierte, oder auf Borneo, wo es um unterschiedliche Naturschutzkonzepte ging. Oft brachte sie botanische Raritäten mit nach Deutschland in die Botanischen Gärten, in die sie sich «einschlich», wie sie das nannte.

«Oje, was macht die denn hier! Wurde ihr das als Aufgabe aufgedrückt? Wie bei anderen Politikerfrauen, die sich irgendeiner sozialen Frage annehmen?» Wilhelm Barthlott erinnert sich, wie er bei seiner Antrittsvorlesung, als er 1985 zum Direktor des Bonner Botanischen Gartens ernannt wurde, Loki Schmidt im Auditorium sitzen sah: «Aber schon beim Empfang danach merkte ich an ihren präzisen Fragen zu meinem Vortrag, wie sehr ich mich vertan hatte: Loki hatte richtig Ahnung!»

Da war sie schon seit vielen Jahren keine normale Gartenbesucherin mehr. Loki kannte alle Gärtner und begrüßte jeden persönlich. Manchmal bekam sie Anrufe, wenn Besonderes bevorstand: «Heute Nacht ist es so weit, die Königin der Nacht wird aufblühen!» Und dann erschien Loki als heimliche nächtliche Besucherin aus dem Kanzleramt und bestaunte die etwa kokosnussgroße gelblich weiße Blüte, die zu leuchten schien. Manchmal begleitet von ihrem Mann – eine ruhige Auszeit für beide im anstrengenden Bonner Regierungsgeschäft.

«Es heißt, sie habe in Bonn ihr fehlendes Studium nachgeholt», erzählt Barthlott. «Zu meiner Zeit saß sie jedenfalls öfter in Vorlesungen, aber nicht wegen der Grundlagen der Botanik, die kannte sie längst. Sie kam vor allem wegen der zusätzlichen Details, die Wissenschaftler in solchen Veranstaltungen anders darbieten als in Lehrbüchern. Die Sicherheitsleute hielten sich diskret am Eingang, die Studenten schauten verstohlen und ehrfurchtsvoll, aber das legte sich rasch dank ihres unkomplizierten Charmes. Als Autodidaktin hatte sie sich eine erstaunliche und immer wieder überraschende wissenschaftliche Kompetenz erworben.»

Auch später, als sie nicht mehr in Bonn lebte, kam Loki regelmäßig im Botanischen Garten vorbei, nicht ohne vorher Wilhelm Barthlott Bescheid zu geben: «Wäre es nicht schön, wenn es dann wieder so einen interessanten Vortrag gäbe?, so fragte sie dann oft», erinnert sich der Botaniker; längst war zwischen beiden eine vertrauensvolle Freundschaft entstanden. «Dann haben wir extra für sie Termine verlegt und andere Themen vorbereitet. Es gab dann eben keinen methodischen Vortrag, sondern einen Überblick zu einem Thema, das dauerte in der Vorbereitung mindestens doppelt so lange. Sie wusste, dass sie uns damit Arbeit machte – aber auch Freude. Eifrig diskutierte sie nach jedem Vortrag mit. Äußerst klug und unbefangen hat sie sich den Fragen genähert und dabei ihr auf so erstaunliche Weise angeeignetes botanisches Fachwissen in größere Zusammenhänge gebracht und interessante Verbindungen geradezu instinktiv geahnt.»

Denn auch das bedeutet Wissenschaft: Nicht nur selber zu forschen, sondern auch neugierige Fragen zu formulieren und dabei alles in Zweifel zu ziehen. Mit ein wenig Abstand und Überblick, mit Wissen und Erfahrung entstehen häufig interessante Hypothesen, oder Querverbindungen treten zutage, auf die ein Forscher mit seinem – oftmals nötigen –Tunnelblick gar nicht kommt. Auf diese Weise habe Loki auf vielen Ebenen der Forschungslandschaft gewirkt, erzählt Barthlott: Ihr Buch über Botanische Gärten, heute ein Standardwerk, sei die erste Bestandsaufnahme überhaupt, so etwas gab es vorher nicht. «Sie arbeitete viel an der Schnittstelle zwischen Öffentlichkeit und Wissenschaft.»

Einmal habe im Bonner Garten der Titanenwurz gefruchtet, eine gewaltige Pflanze, aus Sumatra stammend, die mit viel Glück alle paar Jahre einen einzelnen, spektakulären Blütenstand entwickelt, der bis zu drei Meter hoch werden kann und nach Aas stinkend Insekten zur Bestäubung anlockt. Nun hatte das riesige Gewächs erstmals zahllose orangerote Beeren gebildet, und Barthlott lud gemeinsam mit Loki die Presse zu dieser botanischen Sensation ein. Eine Journalistin lief interessiert in den Gewächshäusern umher, fotografierte mal hier, mal da – und wollte zum Schluss wissen, was eigentlich das große Rote da in der Ecke sei. Die Verärgerung war Barthlott wohl anzumerken, denn das «große Rote», der Titanwurz, war ja der Anlass für das ganze Aufheben. Loki aber habe ihm signalisiert: Lass mich mal machen. Sie stürzte sich auf die Journalistin und erklärte ihr in aller Seelenruhe die eigentliche Attraktion. «Sie konnte so unerbittlich freundlich sein», erinnert sich Barthlott, «und dieser Stärke war sie sich überaus bewusst.»

Loki half hinter den Kulissen, wo sie nur konnte. Vor allem ihre vielen Kontakte kamen den Botanischen Gärten zugute, ob in Bonn, Hamburg oder anderswo: «Loki war da eine Art Brandbeschleuniger. Wenn man sie ansprach, ging plötzlich so manches schneller.» Um Aufmerksamkeit für den hundertsten Geburtstag der Deutschen Kakteengesellschaft zu erzeugen, lud Barthlott sie zur Feier nach Berlin ein. «Ich wollte sie aber nicht überlasten, also habe ich ihr gesagt: Ich brauche dich nur als Dekorationsstück, Loki!» Aber die habe vehement widersprochen: «Och nö, dann halte ich auch einen kleinen Vortrag.»

Als Lokis herausragende wissenschaftliche Leistung sieht Barthlott die Wildnis am Brahmsee: «Das war eine Pioniertat des wissenschaftlich fundierten Naturschutzes – erstmals eine Langzeitsukzession zu verfolgen, eine wirklich originelle und originäre Idee, die zuvor noch keiner umgesetzt hatte.» Er selber habe eine Reihe von Anregungen von ihr bekommen – sich etwa mit jenem Kletterkaktus in den amazonischen Schwemmwäldern zu beschäftigen, den sie von einem Forschungsaufenthalt mitgebracht hatte und der bis heute in den Gewächshäusern im Bonner Botanischen Garten rankt.

«Immer wieder bewies sie ein geradezu traumwandlerisches Geschick, Besonderes zu entdecken.» Barthlott führt mich durch den Botanischen Garten in Bonn und zeigt mir ein Gewächshaus, wo drei Blumentöpfe mit etwas struppigem Grün darin stehen. Ein Laie könnte die langen Triebe für grobe, unansehnliche Grasstängel halten. «Diese Pflanzen sind schwer zu kultivieren», erklären mir die Gärtner, «aber sie wachsen schon seit 1983 hier.» Damals hatte Loki sie aus Mexiko mitgebracht, wo sie ihren Mann für nur zwei Tage zu einer wirtschaftspolitischen Tagung begleitete: «Beim Damenprogramm saßen wir in einem Café an einem fast ausgetrockneten Wasserlauf. Mir war das mit der Zeit mit dem Plapperplapper der ganzen feinen Damen zu langweilig, also bin ich mit meinen anständigen Schuhen am ‹Creek› rumgekrochen, der zu anderen Jahreszeiten mehr Wasser führte. Und da wuchsen an der Kante des Flüsschens einige Bromelien, man nennt sie auch Ananasgewächse – und die guckten mich fremd an. Ihnen kann ich das sagen, Herr Frenz, weil Sie mich inzwischen kennen. Mich gucken Pflanzen an, und in solchen Augenblicken habe ich das Gefühl, ich muss intensiv zurückgucken. Trotzdem war da etwas nicht Vertrautes. Was eigentlich nicht ungewöhnlich ist, denn ich war vorher nie in Mexiko. Aber diese Pflanzen guckten so fremd, dass ich ein paar von ihnen mitgenommen habe. In der Tasche hatte ich ja immer Plastiktüten dafür dabei.»

Es dauerte einige Zeit, bis sich zeigte, dass Loki mit ihrem Spürsinn einen Volltreffer gelandet hatte. Um die Pflanzen exakt zu bestimmen, mussten sie blühen, aber erst nach drei Jahren entwickelten sie einen etwa anderthalb Meter langen Blütenstand. Nun war bald klar: Es war eine bis dahin unbekannte Art, die Loki intuitiv erspürt hatte, weil sie «so fremd guckten».

«Als ich das erfuhr, das muss ich bekennen, ist das ein erhebendes Gefühl gewesen. Es ist ein großes Glück, später feststellen zu können: Diese Pflanze hast du als erster Mensch bewusst gesehen.»

«Ein neues Tier oder eine neue Pflanze zu finden ist ein großes Abenteuer», sagte ich.

«Da wird man reingestupst, ohne es vorher zu wissen. Wie bei meinem kleinen Skorpion in Amazonien, meiner Skorpionmutter.»

Und dann erzählte sie mir, wie sie in Säcken voller Pflanzen, die Helfer in über dreißig Meter Höhe aus den Baumwipfeln geholt hatten, jenen kleinen Skorpion gefunden hatte; wie verwundert sie war, als sich von dessen Rücken plötzlich viele Jungskorpione lösten und umherwuselten. Loki setzte die Mutter und ihre Jungen zunächst in eine Glasschale und beobachtete, wie die Kleinen wieder auf ihren Rücken krabbelten. «Dann habe ich sie trotz allem in Alkohol versenkt» – wie es Forscher eben tun, wenn sie in der Natur sammeln und später im Labor bestimmen wollen, was sie dort gefunden haben.

Das war Jahrzehnte her gewesen – und Loki beschrieb mir die Skorpionmutter mit ihren Jungen so voller Freude, als hätte sie es eben erst erlebt. «Es hat noch Jahre gedauert, bis die Max-Planck-Leute einen Fachmann für diesen Skorpion fanden – und der war auch eine neue Art.»

Wie es sich in der Wissenschaft gehört, bekamen beide neue Arten Namen: «Die Bromelie aus Mexiko heißt jetzt Pitcairnia loki-schmidtiae und mein Skorpion Tityus lokiae. Damit wollte ich doch noch angeben», sagte Loki und lächelte stolz.

Als «Eingeschlichene und Angelernte» musste Lokis

Forscherlaufbahn zwar ohne traditionelle Universitätsabschlüsse auskommen, akademische Ehren wurden ihr dennoch zuteil: neben solchen Namenspatenschaften unter anderem zwei Ehrendoktorhüte und eine Ehrenprofessur. Schon 1982 überreichte Werner Besch, der Rektor der Bonner Universität, der «Amateurbotanikerin aus Leidenschaft und Überzeugung» eine besondere Würdigung, die nach dem Held aus Lokis Kindheit und Jugend benannt war – die Alexander-von-Humboldt-Medaille in Gold.

Loki hatte die Chance, das zu tun, was sie von Kindesbeinen an wollte: als Naturforscherin in die Welt zu gehen und sie zu erkunden. Ein Gedanke, der mir wichtig erscheint, da ihr «drittes Leben» im Nachhinein so zwangsläufig aussieht: Was wäre eigentlich gewesen, hätte sie in späten Jahren diese Chance nicht ergriffen?

Schützen:
Im Namen der Blumen

In den ersten Jahren bin ich dafür von wenigen gelobt, aber auch viel ausgelacht worden. Und heute …»

«… sind solche Gedanken Allgemeingut», fiel ich Loki ins Wort.

Über Artenvielfalt und das Verschwinden der Biodiversität hat Loki schon gesprochen, lange bevor diese Begriffe auf der politischen Agenda erschienen. Nur nannte sie das damals anders. Auf dieses uns verbindende Thema kamen wir, als wir uns über den Farbverlust in der Landschaft ausließen: «Raps, Raps, Raps! Oder Mais, Mais, Mais! Wo man hinschaut!»

Über diesen «verdammten Raps» konnte sich Loki richtig ereifern: «So hinreißend blühende Rapsfelder auch sind, wenn man ein bisschen drüber nachdenkt, fällt auf, wie eintönig vor allem die landwirtschaftlich bebaute Landschaft ist und wie einseitig sie seit meinen Kinderzeiten geworden ist: überall unendlich langweilige Raps- und Maisfelder. Wann haben Sie denn das letzte Mal eine Mohnblume gesehen? Oder eine schöne, dunkelblaue Kornblume? Wer kennt denn heute die purpurviolette Kornrade?»

Das bunte Kornfeld, da waren wir uns einig, gibt es oft nur noch im Küchenkalender. Den Rückgang an Pflanzenarten hatte Loki über Jahrzehnte hinweg beobachtet, nicht nur bei der farbenprächtigen «Ackerbegleitflora». Vertraute Gewächse, die Loki seit Kindertagen kannte, verschwanden nach dem Krieg mehr und mehr aus der Landschaft.

Daran war die industrielle Landwirtschaft mit ihren großen, intensiv bewirtschafteten und gedüngten Monokulturen und Saatgutreinigung beteiligt, aber auch die stetig gewachsenen Ansprüche jedes Einzelnen: «Denken Sie nur mal, wie wir früher gewohnt haben – zu fünft auf achtundzwanzig Quadratmetern mit einem Wasserhahn ohne Bad. So möchte doch heute keiner mehr leben.» Heute werden wir ganzjährig versorgt mit preisgünstigen Nahrungsmitteln, wir wohnen angenehmer – doch all das benötigt deutlich mehr Fläche als früher; auch weil die Bevölkerung in Deutschland seit Beginn des vergangenen Jahrhunderts stark gewachsen ist. Eine Folge davon ist das Verschwinden der Wildblumen sowie der Kenntnis ihrer Arten.

Anfang der siebziger Jahre, so erzählt es Loki in ihrem Buch «Die Blumen des Jahres», habe sie einmal in einem kleinen Hamburger Moor Eltern mit ihren Kindern beobachtet, die einen großen Strauß des seltenen Lungenenzians gepflückt hatten: «Ich konnte es nicht unterlassen, sie anzusprechen und ihnen zu sagen, dass der Enzian in ihrer Hand eine geschützte Pflanze sei.»[1]

Die Eltern wollten das kaum glauben, denn Enzian, das wisse man doch, wachse in den Bergen; das hier seien Glockenblumen. «Mir wurde deutlich, dass auch manch seltene Pflanze durch Unkenntnis zerstört wurde.»

Dieses Erlebnis wurde zu einer Initialzündung: Als sie

dem Hamburger Industriellen Kurt Körber, einem Freund der Familie Schmidt, davon erzählte und ihm ihre Vorstellungen von Naturschutz vortrug, habe der ganz energisch von ihr gefordert: «Red nicht immer von deinen Blümchen, tu was, Loki!»[2]

Loki tat tatsächlich etwas, und zwar nahm sie die zweite Seite der Neugier ernst: Sie kümmerte sich um das, was sie mit so viel Freude und Interesse entdeckt, erlebt, erkundet und wahrgenommen hatte. «Natürlich haben mich bedrohte Pflanzen schon lange vorher interessiert. Nur wer hätte denn auf die kleine Lehrerin aus Hamburg mit dem Namen Schmidt gehört?»

Nun aber hatten die Dinge sich geändert. Denn eines hatte sie in Bonn zu diesem Zeitpunkt längst gelernt: Als Gattin des Bundeskanzlers hörte man ihr zu. Ihr Wort hatte in der Öffentlichkeit Gewicht. Also suchte sie Weggefährten und gründete mit ihnen im April 1976, bald nach ihrer ersten Forschungsreise an den kenianischen Nakuru-See, das «Kuratorium zum Schutze gefährdeter Pflanzen», aus dem 1979 die «Stiftung zum Schutze gefährdeter Pflanzen» hervorging – heute allgemein als Loki-Schmidt-Stiftung bekannt.

Loki wurde Anstifterin – im Namen der Blumen.

Schon 1977 begann in der Eifel im deutsch-belgischen Grenzgebiet, was sie «eine wunderbare Geschichte»[3] nannte: Einer der letzten Lebensräume der Wilden Narzisse wurde gerettet. Noch bis in die fünfziger Jahre hinein leuchteten im Frühling die Wiesen, durch die sich der Grenzbach Olef schlängelte, in hellem Gelb. Dann lohnte sich für viele Landwirte die Nutzung der feuchten Flächen nicht mehr, sie sollten mit Fichten aufgeforstet werden. Im letzten Augenblick wurde Loki die Narzissenwiese zum Kauf angeboten, dank einer Spende des Hamburger Kaufmanns Werner Otto konnte das Grundstück von ihr erworben und dauerhaft unter Schutz gestellt werden. Loki beließ es nicht beim «Betteln», sondern traf sich dort zu «Werbezwecken» mit der Gattin des belgischen Ministerpräsidenten, um auf den grenzüberschreitenden Naturschutz aufmerksam zu machen. Der Hamburger Filmproduzent Gyula Trebitsch erinnert sich: «Als Loki ganz in der Nähe Papier, Zigarettenschachteln und Bierflaschen herumliegen sah, zögerte sie keine Sekunde. Sie sammelte alles zusammen und schaffte den Unrat zu einem Kübel.»[4]

Bald folgten andere Stiftungen ihrem Beispiel, kauften und schützten weitere Wiesen voller wilder Narzissen: 2,2 Hektar gehören heute der Loki-Schmidt-Stiftung, insgesamt stehen dort fast dreihundert Hektar unter Schutz, und im Frühjahr erblühen heute Millionen hellgelber Blüten auf beiden Seiten der Olef – entlang der «Narzissenroute», die gemeinsam mit dem alljährlichen «Narzissenfest» eine wichtige Touristenattraktion geworden ist.

Lebensräume für seltene Pflanzen durch Kauf oder langfristige Pachtung dauerhaft zu sichern und sie gleichzeitig für alle zugänglich zu machen, das ist bis heute das vorrangige Naturschutzziel der Loki-Schmidt-Stiftung. Schon 1982 hatte die Stiftung sechs verschiedene Biotope erworben, «obwohl wir sechs Jahre zuvor nur mit Ideen und ohne einen Pfennig angefangen hatten». Heute sind über 270 Hektar wertvollen Lebensraums im Besitz der Loki-Schmidt-Stiftung: für Orchideen im Oldenburger Bruch und an der hessischen Lahn, für Schachbrettblumen im Recknitztal Mecklenburg-Vorpommerns, für Trollblumen im rheinland-pfälzischen Emmerzhausen, für Küchenschellen und Karthäusernelken im bayrischen Königstein. Die meisten Areale liegen in Hamburg und Niedersachsen, vom nassen Hochmoor im Norden der Hansestadt bis zum Trockenrasen im Wendland.

«Damals gab es zwar ein paar Verrückte wie uns, aber einem normalen Menschen etwas von Naturschutz zu erzählen, damit konnte man doch keinen hinterm Ofen vorlocken. Ich musste also Geld verdienen, damit wir das alles tun konnten. Und habe dann erst mal ein Buch geschrieben mit dem etwas kitschigen Titel ‹Schützt die Natur – Impressionen aus der Heimat›». Der Unternehmer Philip Rosenthal ermunterte Loki, für seine Porzellanfirma eine Reihe von Wandtellern zu entwerfen: die Sammelserie «Geschützte Pflanzen unseres Landes» wurde zu einem Verkaufsschlager. Die Erlöse aus beidem füllten die Konten der jungen Stiftung; allein die Wandteller wurden mehr als einhundertfünfzigtausend Mal verkauft und brachten etwa eine Dreiviertelmillion Mark ein[5]; dazu kamen Spenden und Erbschaften, von denen die Arbeit der Stiftung bis heute abhängt. Es gab Schallplatten mit volkstümlichen Liedern, die Loki signierte, Plakate, Postkarten und Aufkleber.

Medienwirksam wurde 1980 erstmals die «Blume des Jahres» gekürt, um mit schönen und gefährdeten Pflanzenarten auf den Naturschutz aufmerksam zu machen. Die erste Jahresblume wurde der Lungenenzian, weil er der Auslöser für Lokis Engagement gewesen war; die zweite war die Wilde Narzisse, der das erste und gleich so erfolgreiche Projekt der jungen Stiftung gegolten hatte. Später sollten die ausgewählten Pflanzen vor allem auf bedrohte

Lebensräume hinweisen: «Pflanzenartenschutz ist Biotopschutz», so Loki.

So stand die stachlige Stranddistel 1987 für die bedrohten Meeressäume und Dünengebiete, die aparte Schachbrettblume 1993 für feuchte Wiesen, die Küchenschelle 1986 für Magerrasen; Kornrade und Klatschmohn machten 2003 und 2017 Werbung für die durch Raps und Mais bedrohte Ackerbegleitflora.

Im vierzigsten Jahr des Bestehens von Lokis Stiftung ist die Besenheide, auch Heidekraut genannt, die «Blume des Jahres 2019». Nicht weil sie als Art besonders bedroht wäre, so erklärt es mir Axel Jahn, der Geschäftsführer. Aber dieser populäre Zwergstrauch, der während seiner Blütezeit von August bis Oktober ganze Landstriche in ein rosafarbenes Blütenmeer verwandelt, sei eine Charakterpflanze der trockenen Heiden, jenes Lebensraums, den Loki von Kind an gut kannte.

«Den Sommer haben wir ja jedes Jahr in Neugraben im Süden Hamburgs verbracht, auf dem Land bei meinen Großeltern. Es war im Grunde ein Ferienparadies, weil wir da allein rumlaufen konnten und Erkundungen machten.» Für Loki war die Heide ein typisches Beispiel für die schwärmerische Idealisierung des Begriffes «Natur» – und dafür, wie sehr sich die Bewertung einer Landschaft durch den Menschen ändern kann.

Seit dem achtzehnten Jahrhundert sind die Gegenden in Norddeutschland, die von Heidekraut bewachsen sind, auf ein Hundertstel geschrumpft. Damals wurden die kargen, fast baumlosen Landschaften als lebensfeindlich wahrgenommen: «Der Boden dieses ganzen Landes ist eine ungeheure Sandwüste, die von Natur entweder ganz nackt ist

Jede «Blume des Jahres» zeichnete Loki selbst, bevor sie der Öffentlichkeit präsentiert wurde. Mit ihrer Naturschutzarbeit drang die «Bundesflora» in eine echte Männerdomäne ein.

oder Heidekraut oder dünn verstreute, stechende Grashalme hervorbringt», so beschreibt der Reiseschriftsteller Carl Gottlob Küttner am 29. August 1799 die Heide.

Erst später sah man die Heide mit anderen Augen, erklärte mir Loki: «Nach 1900 hat man die Heide für Großstädter entdeckt. Das lag an Hermann Löns und seinem Kitschroman ‹Dahinten in der Heide›, da wurde die Heide romantisch verklärt. Und es hat noch länger gedauert, bis endlich mehr Leute begriffen haben, dass die Heide eine alte Kulturlandschaft ist – und nicht reine Natur. Während das für uns an der Nordkante der Lüneburger Heide, Neugraben, selbstverständlich war, weil wir sahen, was die Bauern damit angefangen haben.»

Als Kind erlebte Loki, wie die Bauern die Heide ‹abplaggten› – mit einem scharfen Messer schnitten sie die Besenheide. Die gebündelte Heide wurde zum Feuermachen oder Dachdecken benutzt, oder auch als Streu für das Vieh. Die Bauern waren so arm, dass sie für alles eine Verwendung finden mussten, was die karge Landschaft bot.

Die Lüneburger Heide und eigentlich alle Heideflächen liegen auf mageren Böden, meist sandigem Eiszeitdünen-Untergrund. Ohne den Menschen gäbe es sie nicht, denn sie entstanden erst, als dieser die Wälder abholzte. Dadurch wurden die Flächen sonniger, doch der Boden war so nährstoffarm, dass sich vor allem das Heidekraut ausbreitete. Es diente als Futterpflanze für die kleinen zähen Heidschnucken, und die Blüten ernährten Bienen. Aus dem Bienenwachs wurden Kerzen hergestellt, der Honig war ein wichtiges Nahrungsmittel in jenen Gegenden. So bildete sich eine Kulturlandschaft heraus, die Bauern, Schäfern und Imkern Arbeit gab und die das Gleichgewicht zwischen Menschen, Heidschnucken und Heide benötigte.

Damit die Heide überlebt, muss sie weiter in dieser Weise genutzt – oder gepflegt – werden, so Loki: «Diese Kulturlandschaft besteht nur fort, wenn wir sie schützen. Sonst wird man auch dort irgendwann nur noch die unendlichen Raps- und Maisfelder sehen.» Was passiert, wenn solche Landschaften nicht gepflegt, sondern sich selbst überlassen werden, hat Loki exemplarisch am Brahmsee gezeigt: Dann entstünde auch in der heutigen Heide eine Waldwildnis, wegen der armen Böden wahrscheinlich vor allem aus Birken und Kiefern.

Ganz Deutschland wäre ohne menschliches Zutun, ohne Landwirtschaft, fast flächendeckend von Wäldern bewachsen, vor allem Buchen- und Eichenwäldern – so, wie es vor dem Mittelalter war, bevor im zwölften Jahrhundert die großen Rodungen begannen. «Was wir uns klarmachen müssen, ist, dass damals unbeeinflusste Natur zerstört wurde – und dass durch diese Zerstörung der Pflanzenreichtum wuchs. Es entstand aus der Naturlandschaft eine Kulturlandschaft, die sehr viel artenreicher war.»

Die Wahl der Besenheide als Blume des Jahres ist daher im Jubiläumsjahr der Stiftung ein besonderes Zeichen: «‹Die› Natur gibt es bei uns nicht», sagt Axel Jahn. «Überall in Mitteleuropa sind Flora und Fauna nach der letzten Eiszeit unter dem Einfluss des Menschen entstanden.»

Unsere vielfältigen Kulturlandschaften sind somit permanente «Pflegefälle» geworden, die mit der intensivierten Landwirtschaft nicht kompatibel sind. Will man sie bewahren, müssen etwa Heidschnucken in der Heide den Bewuchs kurz halten. So betreibt die Stiftung in der Fischbeker Heide südlich von Hamburg, dort wo Loki als Kind oft die Großeltern besuchte, ein Infohaus und einen Schafstall mit Heidschnucken als lebenden Rasenmähern zur Landschaftspflege. Sonst würde auch hier aus der Heide bald wieder Wald.

«Bei uns in Europa Natur- und Artenschutz zu betreiben bedeutet daher immer, den Standort und seine Historie genau zu kennen, sowohl seine Nutzungs- als auch seine Naturgeschichte zu betrachten», sagt Axel Jahn. «Nur wenn wir den Standort verstanden haben, können wir ihn auch richtig schützen. Und wir müssen uns immer im Klaren darüber sein, was wir schützen, welchen Zustand wir erhalten wollen. Sobald wir eine Fläche einfach sich selbst überlassen, wird sie sich verändern.»

Oder wie Loki es mir sagte: «Wenn wir tatenlos zuschauen, geht jene Vielfalt verloren, die sich im Laufe von Jahrhunderten herausgebildet hat.»

Der Mensch ist ein «Geschichtswesen». Das betonte Loki schon 1982 in ihrer Dankesrede, als sie in Bonn die Alexander-von-Humboldt-Medaille in Gold erhielt – nicht nur für ihre Forschungstätigkeit, sondern ganz ausdrücklich für ihre vielfältigen Naturschutzaktivitäten und die Gründung ihrer Stiftung.[6]

Als Geschichtswesen brauche er nicht nur die Erhaltung von architektonischen Zeugen der Vergangenheit, von Kirchen, Städten und alten Schiffen: «Er braucht auch die Erhaltung von Landschaften gleichsam als Zeugnisse unserer kulturgeschichtlichen Vergangenheit.»

Die Ideen, die Loki damals, 1982, in ihrer Rede anführte, klingen noch heute modern und gehen weit über Rote

Listen und vom Staat ausgewiesene Naturschutzgebiete hinaus. Was sie entwarf, sprach die Gesellschaft auf vielen Ebenen an – bis hinunter zum Einzelnen. Loki zählte eine Reihe sinnvoller Initiativen auf: die Rekultivierung ehemals industriell genutzter Flächen, etwa in stillgelegten Braunkohlegebieten und Kiesgruben. Das nennt sie «geplante Natur aus zweiter Hand» – und schließt dabei Autobahnhänge, Bahndämme und alte Bahnhöfe mit ein, die etwa zu Trockenrasen werden könnten, wenn man heimische, standortgerechte Gewächse anpflanzt. «Ich sehe hier eine große Aufgabe etwa für die Staudengärtnereien», sagte sie damals; heute gibt es eine Reihe von Unternehmen, die darauf spezialisiert sind, ebensolche Wildblumen heranzuziehen.

Mitten in Großstädten müsse sich Natur entwickeln dürfen: Aus mancher Rasenfläche könnte eine naturnahe Wiese werden, «auf der sich bald eine Vielzahl von Insekten einfindet» – vom heutigen Schlagwort des Insektensterbens war vor über drei Jahrzehnten noch nicht die Rede, doch Loki hatte die Kerbtiere schon im Blick. Auf kleinen Grünflächen am Straßenrand, auf Baumscheiben, aber auch auf Friedhöfen und Flughäfen könnten artenreiche Kleinbiotope für gefährdete Pflanzen und Pflanzengesellschaften entstehen, ebenso in Gärten, Kleingärten und sogar auf Balkonen. Sie sprach darüber, Ackerränder ungespritzt zu lassen, in botanischen Gärten und Museumsdörfern Erhaltungszucht für bedrohte Pflanzenarten und Nutzpflanzensorten zu betreiben, und als eine «letzte Möglichkeit des Artenschutzes» schlug sie eine Samen- oder Genbank auch für Wildpflanzen vor: «Wir wissen nicht, was sich aus unseren heutigen Pflanzen durch die

Evolution noch entwickeln kann: neue Ernährungsquellen, neue Heilmittel? Nur: Was heute ausstirbt, ist dahin.» 2003 wurde schließlich in Osnabrück eine «Genbank für Wildpflanzen» gegründet, anknüpfend an ihre Anregung – und sie trägt Lokis Namen.

Ausdrücklich betont sie ein wesentliches Ziel ihrer Stiftung, «das mir besonders am Herzen liegt» – die Pflanzenkenntnis zu fördern. «Wir haben das in der Stiftung so formuliert: Was man nicht kennt, kann man nicht schätzen und kann man nicht schützen.»

Einen weiteren ihrer zentralen Gedanken äußert sie in ihrer Rede: «Wir müssen nach vernünftigen Kompromissen suchen! Auf der einen Seite die Natur, die wir alle brauchen, zu erhalten, und auf der anderen Seite die Bedürfnisse der Menschen, die in diesem Land leben, zu befriedigen.»

«Damit habe ich gerne angegeben», hatte Loki erzählt, als wir über Hamburg sprachen – und stellte mir den Schierlings-Wasserfenchel vor, jene Pflanze, die nur im Süßwasserwatt um Hamburg herum lebt und ganz von den Gezeiten der Elbe abhängt. Beinahe könnte man sagen, der Schierlings-Wasserfenchel ist heute die prominenteste Pflanze Hamburgs, auf jeden Fall die politischste: Jahrelang verhinderte die seltene und streng geschützte Pflanze den Ausbau der Elbe, den viele in Politik und Wirtschaft als überlebenswichtig für den Hamburger Hafen und damit den Wohlstand der Stadt ansehen. Mit dem Verweis auf den Wasserfenchel klagten Natur- und Umweltschutzverbände gegen die Baumaßnahmen. Sie befürchten, dass die Pflanze die Veränderungen durch das Ausbaggern der Elbe nicht überstehen würde; eine stärkere Strömung sowie ein höherer Salzgehalt der Elbe könnten dem Wasserfenchel gefährlich werden.

«In Konflikten wie diesen melden wir uns nicht zu Wort», so erklärt mir Axel Jahn. «Es gibt die großen Verbände, die solche politische Arbeit machen. Dafür sind wir nicht gegründet worden. Wir machen aber dennoch sehr deutlich, was wertvoll und schützenswert ist – auch in Bezug auf den Wasserfenchel. Das muss dann in die gesellschaftliche Abwägung miteinfließen. Wir zeigen: Das sind die Werte, um die es geht. So wollen wir den Menschen mit der Natur in Beziehung bringen. Denn die Welt bleibt nicht, wie sie ist. Wir müssen sie gestalten.»[7]

Die Stiftung habe schon frühzeitig beschlossen, keine «Blockadegrundstücke» zu kaufen, erzählt mir Axel Jahn: also auf den Erwerb von schützenswerten Flächen zu verzichten, auf denen bereits öffentliche Projekte geplant sind. «Das war wohl auch Lokis Respekt vor unserer repräsentativen Demokratie geschuldet», so Axel Jahn. Demokratisch legitimierte Entscheidungen wollte Loki mit der Stiftungsarbeit nicht blockieren.

«Loki wollte sich nicht vereinnahmen lassen», sagt ihr langjähriger Vertrauter Hans-Helmut Poppendieck. «Sie wollte ihre Unabhängigkeit wahren und nach allen Seiten – auch für die Wirtschaft – offen sein.» Bei ihr stand immer die Frage im Mittelpunkt: Was kann ich mit meinen Möglichkeiten für mein Anliegen tun? Ihr Engagement sei immer undogmatisch und lösungsorientiert gewesen. Praktisches Handeln stand für sie im Mittelpunkt: neue Flächen zum Schutz zu erwerben, sie langfristig zu sichern, dafür Geld einzutreiben, potenzielle Mäzene und andere mit Überzeugung zu begeistern.

«Sie hatte die große Gabe, anderen das Gefühl zu geben, ihr persönlich wichtig zu sein. Der Kreis um sie wuchs und wuchs stetig», so Hans-Helmut Poppendieck. «Sie hat sich ihr Netzwerk im Naturschutz über Jahre aufgebaut, nutzte ihre Kontakte und verfestigte sie stetig.» Neben der Tätigkeit in ihrer eigenen Stiftung arbeitete Loki lange beim WWF mit, zunächst im Stiftungsrat, später im Kuratorium; mit Poppendieck zusammen saß sie viele Jahre im Hamburger Naturschutzrat, um gemeinsam mit Bodenkundlern, Zoologen, Agrarexperten und anderen Sachverständigen die Behörden der Stadt zu beraten und Vorschläge zu unterbreiten. «Immer wieder war es erstaunlich zu beobachten, wie schnell sie lernte; sie schaute sich möglichst alle Naturschutzgebiete selbst an und hat in wirklich kurzer Zeit ein großes Wissen über Naturschutz angehäuft.»

«Blümchen-Loki» und «Bundesflora» wurde Loki genannt, als sie mit ihrer Naturschutzarbeit anfing. In einer Zeit wie den Siebzigern, die ganz im Zeichen der Ölkrise, des Kalten Krieges und des Terrorismus standen, war es zunächst nicht leicht für sie, mit ihrem Anliegen ernst genommen zu werden; der Naturschutz fristete noch ein Nischendasein. Auch und gerade von feministischer Seite wurde sie belächelt, wohl weil Lokis Thema, die «Blumen», als allzu frauentypisch rüberkam. Wie sehr ihr Engagement mit ihrer Biographie, mit lebenslanger Leidenschaft, Sachkenntnis und einer wirklichen Idee zu tun hatte, war vielen nicht klar – vielleicht war ihr komplexer ökologischer Ansatz seiner Zeit voraus. Noch 2013 schrieb Alice Schwarzer an Loki Schmidts Biographen Reiner Lehberger:

«… wir sind uns tatsächlich nie begegnet. Was wohl auch damit zu tun hatte, dass Kanzler Schmidt es nicht so mit der Emanzipation hatte.»[8] Mutet es nicht seltsam an, dass Alice Schwarzer eine eigenständige Frau wie Loki Schmidt auch da noch nach dem Wirken ihres Mannes beurteilte?

Dabei war Loki in eine echte Männerdomäne eingedrungen – an den Universitäten, in den Botanischen Gärten, im Naturschutz: «Sie gab dem Naturschutz damals ein anderes und vor allem ein frisches Gesicht. Bis dahin war das nur etwas für alte Herren», sagt mir Hans-Helmut Poppendieck. Rasch wurde sie zur bekanntesten Naturschützerin Deutschlands, neben dem Frankfurter Zoodirektor Bernhard Grzimek vielleicht. Er war ein Held jener Jahre, auch meiner Kindheit und Jugend, der mit seinen Abenteuern in Afrika ein großes Publikum begeisterte. Doch erinnere ich auch jene Frau mit der «Piepsstimme», die manchmal in Fernsehbeiträgen durch Moore kroch, Frösche fing und begeistert die Blume des Jahres hochhielt: «Tiere sind schon im Bewusstsein der Menschen, ich möchte Pflanzenschutz auch dorthin bringen – denn Pflanzen sind die Basis für alles Leben, auch für uns!», sagte Loki damals.

«Ihre Forschungsreisen, bei allem, was sie dort geleistet hat, konnte man noch als Liebhaberei ansehen, als den Wunsch, den versäumten Jugendtraum nachzuholen. Beim Naturschutz aber hat sie ihre Chance genutzt, ist darin aufgegangen und hat eine eigene Linie verfolgt. Das hat sie gnadenlos gut gemacht!», sagt Hans-Helmut Poppendieck. «Mit ihrer öffentlichen Präsenz und ihrer Stiftung hat Loki tief in die Gesellschaft hineingewirkt und sie verändert.»

Und «Loki» wurde zu einem Begriff für Naturschutz: Die kleine Grundschullehrerin aus Hamburg, die den Namen ihres Mannes schamlos auszunutzen wusste. «Und der hatte nichts dagegen», pflegte sie zu sagen.

Helmut: Mein Herr und Gebieter

«Was hast du gemacht? Du hast ihm Plätzchen hingestellt?»

Meine mit allen journalistischen Wassern gewaschene und mit Reporterpreisen dekorierte Freundin konnte es nicht fassen. Alles, wirklich alles, was einem im Hause Schmidt passierte, war *per se* interessant und wurde begierig aufgesogen: Ja, ich habe Helmut Schmidt in seinem eigenen Haus Plätzchen hingestellt. Es hatte sich nämlich eingebürgert, dass Loki und ich nach unseren Gesprächsrunden den Tisch abräumten, dann gemeinsam durch sein Arbeitszimmer, runter ins Wohnzimmer und in die Küche gingen, bevor wir uns verabschiedeten. Und als ihr Mann einmal zu Hause in ebendiesem Arbeitszimmer saß, reichte ich ihm das übrig gebliebene Gebäck. Wirklich interessant, oder?

Es war erstaunlich, was man so alles von mir wissen wollte: Er soll ja so viele Affären gehabt haben. In diesem oft gehörten Satz steckte wohl eine unausgesprochene Frage, die mich immer wieder verwunderte: Wieso glaubten die Fragenden, ich wüsste mehr darüber? Und selbst wenn es so wäre, glaubten sie wirklich, ich würde es preisgeben? Doch dazu später mehr.

«Wie hat sie das nur ausgehalten mit ihm?» Wilhelm

Barthlott, der ehemalige Direktor des Botanischen Gartens in Bonn, botanischer Freund und langjähriger Vertrauter Lokis, zielte mit dieser Frage jedenfalls auf etwas ganz anderes. Er erinnerte sich an ein gemeinsam verbrachtes Wochenende am Brahmsee: «Rastlos war er, hyperaktiv. Erst hastete er ans Klavier und spielte ein wenig Chopin. Sprang dann kurz darauf wieder auf, zappte durchs Fernsehprogramm, war aber unzufrieden über dessen Niveau. Also schaltete er den Apparat wieder aus und griff eine Zeitung: Loki, schau mal, das habe ich doch kürzlich auch mit dem Papst besprochen. Und stürzte dann mit einer gezielten und messerscharfen Frage aus seinem blitzartig wie ein Raubtier zupackenden Geist auf mich zu und wollte meine Meinung zu wieder etwas ganz anderem wissen.»

Obwohl der Besuch schon Jahre zurücklag, schien Wilhelm Barthlott noch immer außer Atem zu geraten, als er mir augenzwinkernd von der «vibrierenden Omnipräsenz» des Altkanzlers erzählte. «Mir war dieses eine Wochenende schon genug. Wie hat sie das nur ein Leben lang ertragen?»

Barthlott hatte zwei Erklärungen parat: «Auf ihre ganz besondere Art war Loki selbst ein bewundernswertes intellektuelles Monster. Hinter der Fassade einer scheinbar harmlosen Gesprächspartnerin arbeitete etwas mit höchster Präzision und unglaublichem Wissen, das ebenfalls blitzartig zupacken konnte. Nur hat sie das mit ihrer ruhigen und liebenswürdigen Art nicht so nach außen gekehrt. Und außerdem war sie es seit ihrer Kindheit ja nicht anders gewohnt mit ihm.»

Zehn Jahre alt waren Loki und Helmut, als sie 1929 gemeinsam in die fünfte Klasse der Lichtwarkschule kamen:

Loki als Größte der Klasse, Helmut – fast einen Kopf kürzer als sie – gehörte zu den Kleinsten. Noch im gleichen Jahr wurde Loki als einziges Mädchen zu seinem Kindergeburtstag eingeladen, bei dem sie jene Baskenmütze vergaß, die Helmut später in die ärmliche Terrassenwohnung der Glasers zurückbrachte.

«Wir waren von Anfang an befreundet, weil ich mit ihm so gut zanken konnte, so nannten wir das. Auf unserem gemeinsamen Schulweg diskutierten wir endlos über Gott und die Welt» – über Blumen, Malerei, Musik, Geschichte, Archäologie, Themen, die beiden ihr Leben lang wichtig waren.[1]

Ihre Verbindung begann zunächst als reine Schülerfreundschaft. «Erste zarte Küsse» tauschten sie 1935 auf einer Bank im Stadtpark, aber mehr wurde daraus zunächst nicht, erinnert sich Loki. Für sie blieb Helmut ein enger Klassenkamerad; der erste richtige Freund, wie man heute sagen würde, war ein anderer. Nach der Schulzeit kam Helmut in den Arbeitsdienst, und nachdem Loki später den «Rekruten Schmidt» noch einige Male in Bremen-Vegesack besucht hatte und sie miteinander ins Theater gegangen waren, verloren sie sich aus den Augen. «Wir waren uns damals recht fremd, und für einige Zeit riss die Verbindung ab.»

Bis Helmut, gerade in Hinterpommern stationiert, ihr Anfang 1941 einen Brief schrieb. Der erreichte Loki im «wohl schwierigsten Jahr meines Lebens überhaupt», als sie Lehrerin in der «Kinderlandverschickung» in Oberfranken war.[2] Damals wurden Schulkinder aus bombenbedrohten Gebieten in sichere Regionen evakuiert, ohne ihre Eltern. Loki war allein verantwortlich für dreiundzwanzig

Mädchen zwischen neun und fünfzehn Jahren. An einen geregelten Unterricht war kaum zu denken, denn es mangelte an allem – vom Schulmaterial bis hin zu Bettwäsche und Handtüchern: «Oft konnte ich nicht schlafen vor lauter Sorge.»[3]

Rasch beantwortete sie Helmuts Brief. «Bei dem Briefwechsel, der nun begann, stellte sich bald die alte Vertrautheit wieder ein.»[4] Bald schlug Loki vor, ihn in Berlin zu besuchen, wo er mittlerweile im Reichsluftfahrtministerium arbeitete. «Wir freuten uns, beieinander zu sein.»[5] Auch Helmut war voller Sorge, stand er doch kurz vor seinem Kriegseinsatz an der Ostfront. Sie waren dreiundzwanzig Jahre alt und blickten düster in die Zukunft. Umso wertvoller erschien die Zeit, die ihnen blieb: «Wir hatten nur eine Woche.»

Als ehemalige Klassenkameraden hatten sie sich getroffen, als Paar gingen sie auseinander. «Wir malten uns aus, wie die Welt wohl nach dem Krieg aussehen würde: schrecklich auf jeden Fall, ganz gleich, wie der Krieg ausgehen würde. Irgendwann bei diesen Gesprächen, die sich mit der Zeit nach dem Krieg beschäftigten, wurde uns jedoch klar, dass unser Leben auch in der Gegenwart wichtig sei, da wir am Ende des Krieges möglicherweise verbrauchte Menschen sein würden.»[6]

Helmut beschrieb es ganz ähnlich: «Nach mehreren beidseitigen Abkühlungen, Affären mit anderen und Wiederanknüpfungen hat jene gemeinsame Woche zur endgültigen Bindung geführt. Wir haben verstanden: Das ist nicht mehr eine Vorstufe zum Leben, sondern dies ist unser wirkliches Leben. Vielleicht würde es danach kein anderes Leben mehr geben.»[7]

Auf einer Bank in der Nähe des U-Bahnhofes Nollendorfplatz beschlossen sie zu heiraten, wenn er gesund aus Russland zurückkäme. «Die Romantik haben wir diesem Ort selbst beigebracht, das haben andere Leute nicht gesehen.»[8] So verbrachten sie die wenigen Tage vor Helmuts Abfahrt «verliebt und in neuer Vertrautheit». Der Abschied war für Loki tränenreich, wie für alle jungen Frauen am Bahnsteig: «Wir fragten uns, ob wir unsere Männer je wiedersehen würden.»[9]

Fünf Monate später, im Januar 1942, sahen sie sich wieder. Helmut war zurück aus Russland, in Berlin stationiert und nun zu Besuch in Hamburg. Sie mieteten ein Zimmer für Loki, das später die erste Ehewohnung wurde: Zwölf Quadratmeter mit Bett, Schrank, einem quadratischen Tisch, zwei Sesseln und einer Kommode. Sie beschlossen, bald zu heiraten, auch kirchlich.

Für die Atheistin Loki war das ein besonderer Schritt. Beide waren überzeugt, dass der Krieg jämmerlich enden werde, mit einem endgültigen Zusammenbrauch der Moral. Sie hofften, dass die Kirchen nach Kriegsende für einen Neuanfang, für eine Wiederbelebung von Anstand und Grundwerten sorgen würden. Pfarrer Richard Remé verstand Lokis Motiv und taufte sie, obwohl sie sich bei den vorbereitenden Taufgesprächen heftig stritten – schließlich verteidigte Loki vehement die Evolutionslehre Darwins und glaubte nicht an die Schöpfung des Menschen durch Gott. «Ein halbes Jahr lang haben sie diskutiert», erinnerte sich Helmut Schmidt.[10] «Pastor Remé wusste, dass er Loki nicht überzeugt hatte.»

Auch Lokis Vater konnte die Argumentation seiner Tochter nachvollziehen, ihre Mutter aber blieb entsetzt.

Daher fand am 27. Juni 1942 nur eine standesamtliche Trauung statt, die kirchliche folgte im ganz kleinen Kreis ein paar Tage später.

Zuvor hatte es auf Helmuts Seite unerwartete Schwierigkeiten gegeben, denn um als Offizier das Aufgebot zur Eheschließung bestellen zu dürfen, benötigte man eine Heiratserlaubnis mitsamt Ariernachweis.[11] Aus diesem Grunde führte Helmut zum allerersten Male überhaupt ein Gespräch mit seinem Vater über dessen Herkunft: Auf der Bescheinigung, die er vom Vater erhielt, standen dessen Geburtsdatum, der Name der Mutter und der Vermerk «Vater unbekannt».

Was hinter dieser Formulierung steckte, erfuhr Loki erst nach dem Krieg, als Helmut ihr erzählte, dass sein Großvater väterlicherseits Jude gewesen war. Helmut Schmidt war nach Nazijargon also «Vierteljude». Er selbst wusste es schon vor dem Gespräch mit dem Vater: Seine Mutter hatte ihm früh klargemacht, dass er mit niemandem darüber reden dürfe. Helmuts Vater, schweigsam und verstockt, habe unter der unehelichen Geburt wohl sehr gelitten, erzählte Loki mir, erst Jahrzehnte später habe sie mit ihrem Schwiegervater einmal darüber gesprochen.[12] Über Gefühle tauschte man sich in Helmuts Elternhaus kaum aus, das war tabu.

Helmut zeigte das Papier seinem Vorgesetzten, dessen «Heiratserlaubnis» er als Oberleutnant einholen musste. Den interessierte aber nur, ob die Hochzeit seines Kriegsoffiziers «standesgemäß» sei. Loki machte beim Vorstellungsbesuch wohl einen «passablen Eindruck»[13], so Helmut, denn kurze Zeit später durften sie heiraten.

Bald darauf bezogen sie die erste eigene und deutlich

größere Wohnung im Hamburger Stadtteil Barmbek.[14] Das junge Ehepaar leistete sich sogar ein Klavier – für fünf Mark Monatsmiete. Helmut arbeitete in Berlin im Luftfahrtministerium und kam am Wochenende heim. In den Sommerferien 1943 besuchte Loki ihren Mann, der gerade am Schießplatz in Rerik an der Ostsee stationiert war: Den Feuersturm auf Hamburg erlebten sie nur aus der Ferne, doch er zerstörte auch ihre Wohnung. Die Vorderfront des Hauses stürzte ein. «Das Klavier hing noch zwischen den Trümmern, und in meinen Balkonkästen wuchsen noch die Tomaten, die ich im Frühjahr gepflanzt hatte», erinnerte sich Loki.[15] Einen kleinen Koffer, den sie mit Wertgegenständen bestückt im Keller des Hauses versteckt hatten, erhielten sie später zurück; das Essbesteck daraus befindet sich noch immer im Hause Schmidt.

Nach dem Feuersturm waren die Schulen in Hamburg endgültig geschlossen, Helmut wurde nach Berlin beordert und so entschloss sich Loki, ihm dorthin zu folgen. Bald wurde seine Dienststelle nach Bernau vor die Tore Berlins verlegt; sie wohnten drei Kilometer entfernt in Schmetzdorf. Loki arbeitete wieder als Lehrerin – und erwartete ein Kind. Am 26. Juni 1944 kam nach anstrengender Geburt ein Sohn zur Welt, Helmut Walter, genannt «Moritzelchen», der im Herbst getauft wurde.[16] Vor Weihnachten erhielt Helmut den Versetzungsbefehl zur Westfront. Im Februar bekam Moritzelchen Fieber und Krämpfe; für die diagnostizierte Gehirnhautentzündung gab es noch keine wirksamen Medikamente. Drei Tage später starb der kleine Junge. Er wurde in Schönow bestattet. Helmut Schmidt erfuhr zunächst nicht vom Tod seines Sohnes, denn die ersten Feldpostbriefe von Loki kamen nie bei ihm an.

Loki machte sich auf den Weg zurück nach Hamburg – in überfüllten Zügen voller Flüchtlinge aus dem Osten, die der heranziehenden Sowjetarmee entgehen wollten. Sie kam bei ihren Eltern in Neugraben unter. Erst Wochen später, im März 1945, erfuhr Helmut, dass sein Sohn gestorben war; endlich hatten Lokis Briefe ihn erreicht. Er bekam Sonderurlaub, und gemeinsam fuhren sie in den letzten Kriegswochen unter schwierigsten Bedingungen ans Grab des Sohnes. Loki war dafür zur Flakhelferin ernannt worden, denn zu dieser Zeit durften Zivilisten schon nicht mehr in Richtung Berlin reisen. Der Zug war daher fast leer; sie froren, denn sie hatten sich nur dünn angezogen, um möglichst viele Kleidungsstücke aus Schmetzdorf mit nach Hamburg nehmen zu können, die Loki bei ihrem Aufbruch zurückgelassen hatte. Am Grab des Sohnes brachen beide in Tränen aus. Helmut notierte die genaue Lage, um die Grabstelle später wiederzufinden. «Später» bedeutete schließlich, bedingt durch die deutsche Teilung, fast vierzig Jahre später. So lange dauerte es, bis die Schmidts auf den Friedhof zurückkehren konnten.[17]

Auf den Tod des Sohnes kamen beide zeitlebens immer wieder zu sprechen. Nach Lokis Tod und noch vor seinem fünfundneunzigsten Geburtstag ließ Helmut Schmidt den Grabstein des früh verstorbenen Kindes in den Garten im Neubergerweg nach Langenhorn versetzen.[18]

Zurück in Hamburg, musste Helmut schon nach zwei Tagen wieder an die Westfront in der Eifel. Der Abschied war «dieses Mal besonders schwer».[19] Loki begleitete ihn auf der Straße von Neugraben nach Harburg, die voller Bombentrichter und kaum noch zu passieren war. «Von einem

Hügel aus sah ich ihn in der Ferne zum Bahnhof gehen und wusste nicht, wann wir uns wiedersehen würden.»

Bald rückten die Engländer näher. Am 3. Mai besetzten sie die Stadt, am 8. Mai waren Krieg und Tausendjähriges Reich in ganz Deutschland vorbei.

Helmut Schmidt war schon Ende April 1945 in englische Kriegsgefangenschaft geraten und in einem Lager in Belgien inhaftiert.[20] Bis dahin hatte er «noch keine Vorstellung davon, was Demokratie sein kann und sein soll». Den «grundlegenden Anfang meiner Erziehung zur Demokratie» habe er im Lager bei Gesprächen mit seinem Mitinsassen Hans Bohnenkamp gemacht, einem «begabten Pädagogen», der ihm die Idee des Sozialismus nahebrachte: «Nicht den Kommunismus und nicht die Sozialdemokratie, sondern den Sozialismus im christlichen Sinn».[21] Die Mitgefangenen im Lager sahen die Leute um Bohnenkamp als «Nestbeschmutzer» an.[22] Helmut Schmidt fühlte sich jedoch menschlich und politisch wohl. «Zum ersten Mal habe ich verstanden, warum wir Deutschen als Volk verführt worden waren.»[23] Sozialdemokrat zu werden, das sei nach dieser Bekanntschaft fast eine Zwangsläufigkeit gewesen.

Loki aber wusste nicht, wo er war. Bis sie eines Tages eine Nachricht von ihm erhielt, einen kleinen zusammengefalteten Zettel. Er lebe, sei aber in Gefangenschaft, nachdem man ihn auf dem Weg nach Hamburg in der Südheide festgenommen hatte. Vom Lastwagen aus, auf dem die Soldaten transportiert worden waren, hatte er den Zettel einem Bauern zugesteckt, und über einige weitere Hände fand er den Weg zu Loki. Als Helmut im August 1945 aus dem Lager entlassen wurde, kam er völlig abgemagert in Hamburg an, «wie Haut und Knochen» und mit einer «selbst genähten kurzen Hose aus Tarnstoff».[24] Beide waren sechsundzwanzig Jahre alt.

Loki arbeitete bereits wieder als Lehrerin in einem Kinderheim, und zusammen bewohnten sie bald ein kleines Zimmer mit einem Anbau als Küche. Die Zeit nach dem Krieg war eine des Hungers, im Winter kam die Kälte hinzu. «Weil das Feuerholz knapp war, haben wir Holz geklaut. Das war natürlich streng verboten, und berittene Polizisten bewachten im Süden von Hamburg die Stadtgrenze. Wir mussten also sehr vorsichtig sein, dass wir nicht geschnappt wurden. Irgendwann 1946 hatten mein Mann und ich wahnsinnigen Hunger. Das muss im Frühjahr gewesen sein, aber die Kartoffel war schon gelegt. Da haben wir die eben ausgetriebenen Kartoffeln ausgebuddelt. Die schmecken übrigens scheußlich. Die sind ja schon nah am Umwandlungsprozess. Aber trotzdem, in Wasser gekocht, ohne Schale, füllten sie wenigstens den Magen – gekeimte Kartoffel, nein, man musste sich beinahe zwingen, sie zu essen.»

Im Wintersemester 1945 begann Helmut Schmidt mit dem Studium der Volkswirtschaft, im Mai 1946 trat er der SPD bei. Anfang Mai 1947 wurde Tochter Susanne geboren. Sie blieb das einzige Kind, Loki sollte später noch mehrere Fehlgeburten erleiden: «Das Wichtigste, was mir das Leben versagt hat, ist, sechs Kinder zu haben.»[25] Aber das habe eine Krankheit verhindert, die heute leicht zu heilen sei. Lokis und wohl auch Helmuts Leben wäre mit einer so großen Familie sicher anders verlaufen.

Während Helmut in den Vorlesungen saß, unterrichtete Loki an der Schule in Fischbek, wohin sie die kleine

Tochter oft mitnahm, denn für die Betreuung des Säuglings fehlte das Geld. «Zum Glück hatten wir einen alten Kinderwagen erworben, der auch als Kinderbett diente.»[26] Und den schob die junge Lehrerin täglich durch die Heide zur Schule, wo ihre Kollegen sie unterstützten: «In der großen Pause brauchte ich keine Aufsicht zu führen, damit ich mich um das Kind kümmern konnte: füttern, neu bünzeln, und dann habe ich sie wieder unter einen Fliederbusch gestellt.»[27]

Ein Jahr später zog die junge Familie aus dem Vorort südlich der Elbe zurück in die Stadt, wo Loki ab 1949 an der Othmarscher Schule am Hirtenweg lehrte – eine Schule mit reformpädagogisch eingestelltem Schulleiter, an der sie nach ihren Vorstellungen unterrichten konnte. Ihr Mann beendete indessen sein Studium, wurde zunächst Referent in der Wirtschaftsbehörde, bald Abteilungsleiter und schon 1952 Verkehrsdezernent. Seine Karriere nahm den bekannten Verlauf: Er wurde Bundestagsabgeordneter, Senator, Fraktionsvorsitzender, Minister, Kanzler, schließlich, nach seiner Zeit als Politiker, Herausgeber der «Zeit».

Im Alter wurde die Ehe der beiden zum Mythos: die Schmidts, die Unzertrennlichen. Es war ein langes, gemeinsames Leben, oft mit räumlicher Distanz. Und mit klarer «Geschäftsgrundlage»: So wurde Loki einmal gefragt, ob ihr Mann sie um Rat bat, bevor er in den fünfziger Jahren erstmals in den Bundesvorstand der SPD gewählt wurde. Loki antwortete: «Das hat er mir so nebenbei gesagt … Ich habe ihn ja auch nicht um Rat gefragt, wenn es bei mir im Schuldienst irgendwelche Fragen gab.»[28]

Und so ist es zwischen beiden im Großen und Ganzen wohl geblieben. Helmut Schmidt betonte in seinem letzten

Nach dem Krieg: Während ihr Mann endlich studieren konnte, ernährte Loki mit ihrem Lehrergehalt die junge Familie (hier bei einem Spaziergang im Juli 1948).

Buch: «Wir brauchten nicht viele Worte, denn in den entscheidenden Punkten waren wir uns einig …»[29] Als Beispiel erwähnt er die Abmachung nach der Besetzung der Deutschen Botschaft in Stockholm, sich im Falle einer Entführung durch Terroristen nicht austauschen zu lassen. «So haben wir uns ergänzt.»[30]

Neben einer Fülle gemeinsamer Erfahrungen von Jugend an, einige durchaus existenzieller Natur, teilten die beiden viele Interessen – von Musik und Malerei, Archäologie und Ornithologie bis hin zum Schachspiel. Dabei gingen sie durchaus unterschiedlich an Themen heran. Wilhelm Barthlott erzählte mir eine Anekdote von seinem Wochenendbesuch am Brahmsee, die das belegt. Er selber hatte 1999 gerade den «Deutschen Umweltpreis» erhalten – als Spezialist für alles, was nicht nass werden kann: Ausgehend von der unbenetzbaren Oberfläche der asiatischen Lotusblume, deren Blätter selbst bei schmutzigstem Wasser sauber bleiben, hat er den sogenannten Lotuseffekt gefunden, der große Möglichkeiten für technische Innovationen birgt. Am Brahmsee sprach er mit Loki über seine Entdeckung: «Loki stürmte los. Sie wusste sofort, bei welchen heimischen Pflanzen es sich ganz ähnlich verhielt und wo sie die hier finden würde.» Bald führten sie Helmut anhand einer Akelei vom Ufer des Brahmsees den Lotuseffekt vor. Augenblicklich begann das Fragenstakkato von Helmut Schmidt: Wie Barthlott das herausgefunden habe? Ob er mit Physikern zusammengearbeitet habe? Und wie hatte sich die Universitätsverwaltung verhalten? Wurden der interdisziplinären Forschung Steine in den Weg gelegt?

Ein Thema, der Lotuseffekt, und ein neugieriges Ehepaar mit unterschiedlichen Herangehensweisen und Fragestellungen dazu, die darin einander ergänzten: Sie versucht es selbst, ihn interessieren übergeordnete Strukturfragen. Auf diese Weise waren sie sich interessante Gesprächspartner und kamen sich doch nicht in die Quere mit ihren jeweils starken Persönlichkeiten.

Auf das Geheimnis der langen, stabilen Ehe angesprochen, antwortete Loki einmal: «getrennte Schlafzimmer». Dahinter steckte auch der gänzlich unterschiedliche Biorhythmus der beiden, den Loki mal als «Tragik ihrer Ehe» bezeichnete. «Ja, früher habe ich immer gesagt: Mein Mann ist eine Nachteule, und ich bin ein Morgensinger.»

«Wenn ich ins Bett ging, stand Loki auf», schrieb Helmut über einen Urlaub auf Gran Canaria.[31] Dann hatte er nachts an seinen Büchern gesessen, und Loki beurteilte das Ergebnis als erste und wichtigste Gegenleserin. Erst im Alter, so erzählte Loki mir, haben sich ihre Tagesabläufe angeglichen: «Nun frühstücken wir spät.»

Beide erlebte ich immer wieder als sehr besorgt umeinander. Als Helmut einmal kränkelte, war Loki während unserer Gespräche ein wenig abwesend: «Das dürfen Sie mir nicht übel nehmen, in einem kleinen Stübchen meines Hinterkopfes denke ich an meinen Mann.» Er hingegen rief regelmäßig zwischendurch aus der Redaktion an, um sich zu erkundigen, wie es ihr gehe, ob wir vorankämen. Einmal ermahnte er unseren Lektor und mich, als wir mit Loki Abbildungen für das Buch besprachen: Wie wir denn eine alte Dame so lange belagern könnten! Nun sei aber langsam mal Schluss!

Für mich war es überraschend zu erfahren, welch großer Naturfreund und Naturkenner Lokis Mann war, wie oft sie beide mit dem Fernglas am Brahmsee Vögel beobachtet hatten. Mal erzählte Loki mir von den Wachteln: «Die konnte mein Mann so schön nachmachen: wiet-düwitt …» Mal staunte ich darüber, dass die beiden mit dem Boot ans Schilf herangerudert waren, wo Schwalben übernachteten: «Dann haben sie ‹piep› gemacht, die Augen geöffnet, aber im Grunde haben sie schon geschlafen und sich von uns ganz brav streicheln lassen.» Und ich wusste nicht, was mich mehr verblüffte: wilde Schwalben, die sich einfach so im Schilf streicheln ließen, oder ein Helmut Schmidt im Ruderboot, der die schlafenden Vögel sanft berührte.

Als wir die Endfassung unseres Manuskripts besprachen, fragte ich Loki, ob ihr Mann nicht vielleicht ein paar Seiten zu unserem Buch beitragen wolle – über sein Verhältnis zur Natur und wie sie es beeinflusst habe. Es war das einzige Mal, dass ich Loki lange, wirklich lange ruhig dasitzend erlebte. Sie war konzentriert und ernst, ganz still. Bis sie nach einigem Schweigen mit einem einzigen Satz antwortete: «Wenn ein Ehepaar so lange zusammen ist, Herr Frenz, dann ist das doch nicht erstaunlich, dass da etwas abfärbt.» Es war ihre Art zu sagen: Ich möchte das nicht.

Vielleicht war es ja doch nicht immer ganz einfach, an seiner Seite zu bestehen. Bei anderem Anlass sagte sie: «Wissen Sie, alle sehen in mir nur die Gattin eines früheren Bundeskanzlers. Das war ich auch – aber vorher und nachher war ich viel mehr.» Und dieses «viel mehr», so meine Interpretation, steckte für sie nicht zuletzt in unserem Buch – eine Kombination aus Pädagogik nach Loki-Art und empathischer Naturkunde. Ihr Mann kam darin vor, ganz selbstverständlich. Ansonsten aber war das ihr Geschäftsbereich.

Ein Punkt noch fehlt: «Er soll ja so viele Affären gehabt haben!» Erstaunlicherweise waren es – bis auf ganz wenige Ausnahmen – nur Männer, die mich darauf ansprachen. Genauso erstaunlich fand ich es, dass ich nie, noch nicht einmal ansatzweise, gefragt wurde, ob nicht auch sie Affären gehabt habe. Darüber wunderte ich mich. Traute man ihr das nicht zu? Und warum war das Thema überhaupt so wichtig?

«In unserer achtundsechzig Jahre währenden Ehe hat es ein einziges Mal etwas gegeben, was ein Außenstehender eine Krise nennen könnte», schreibt Helmut Schmidt in seinem letzten Buch «Was ich noch sagen wollte», Jahre nach Lokis Tod.[32] «Ich hatte eine Beziehung zu einer anderen Frau. Es muss Ende der sechziger, Anfang der siebziger Jahre gewesen sein, als Loki mir deswegen die Trennung angeboten hat. Ich war völlig fassungslos: Ich kann mich doch nicht von dir trennen. Es war in meinen Augen eine ganz und gar abwegige Idee – aber für Loki war es bitterer Ernst.»

Der «Zeit»-Journalist Theo Sommer hatte diese Themen schon im Jahr 2007 in einer Fernsehdokumentation angesprochen. Gegenüber Reinhold Beckmann kommentierte Loki das so: «Mein Mann und ich haben uns nur angeguckt und gedacht: Das hätte nicht nötig getan.»[33]

Klarer hätte Loki es nicht ausdrücken können, über welche Themen sie zu sprechen bereit war und über welche nicht: Privat ist privat und geht niemanden sonst etwas an. Wenn einer der beiden unter irgendeiner Verhaltensweise des anderen gelitten hat, dann haben sie es nicht in die Öffentlichkeit getragen. Was ist erstaunlich daran, dass sich in einem langen Leben auch so manche Krise ereignet? Ist es nicht viel erstaunlicher, dass zwei Menschen so lange zusammenbleiben? Und einander so gut sind? So eng miteinander verbunden und dabei doch so eigenständig?

«Ich bin sein Zuhause. Das ist ein Schatz, wenn man für einen anderen Menschen das Zuhause ist», sagte Loki ebenfalls zu Reinhold Beckmann.[34] Und Helmut Schmidt zitiert genau diesen Satz in seinem letzten Buch.[35] Er bemühte in diesen Gefühlsangelegenheiten lieber Lokis Worte, anstatt eigene zu finden. Damit blieb er der Sohn seines Elternhauses, in dem die uneheliche Geburt des Vaters und das Judesein des Großvaters verheimlicht werden mussten: Über Gefühle wurde nicht geredet, sie mussten beherrscht werden. So ist Helmut Schmidt groß geworden.

Marion Gräfin Dönhoff sagte über ihren langjährigen Wegbegleiter, den sie zur «Zeit» geholt hatte: «Helmut Schmidt ist der verlässlichste Freund. Ich konnte ihn jederzeit, auch tief in der Nacht, anrufen, er war immer für mich da – aber was ihn tief in seinem Inneren bewegt, habe ich nie erfahren.» Und der frühere Hamburger Bürgermeister Henning Voscherau meinte: «Wie eine zweite Haut hast du eine Schutzhülle entwickelt, die den verletzlichen Kern verbirgt, der niemanden etwas angeht – außer Loki.»

Geachtet, bewundert, verehrt wurde Helmut Schmidt von der Öffentlichkeit als Krisenmanager, Staatsmann, Welterklärer; geliebt wurde er als Teil des Phänomens Ehepaar Schmidt – an der Seite von Loki, die Herzen berühren konnte. Er selbst drückte es so aus: «Ohne Loki wäre ich nur die Hälfte wert gewesen.»[36]

An einem Wintertag kam ich vormittags um elf Uhr wie immer in den Neubergerweg; weil es kalt war, wollten Loki und ich dieses Mal im Wohnzimmer arbeiten. Dahinter schloss sich über Eck das große Esszimmer an.

«Guten Morgen», sagte ich und winkte zum Frühstückstisch rüber, wo die beiden noch bei Kaffee, Zigaretten und Zeitungen saßen, setzte mich aufs Sofa und schenkte mir auch eine Tasse Kaffee aus der schon bereitstehenden Thermoskanne ein. Kurz darauf hörte ich, wie Loki sich auf den Weg zu mir machte.

«Warte noch einen Augenblick, Loki», sagte ihr Mann.

«Nein, das geht nicht. Herr Frenz ist da.»

«Doch, warte. Ich habe dir noch etwas Wichtiges mitzuteilen.»

«Dann bleibe ich natürlich stehen, mein Herr und Gebieter.»

Dort wo ich saß, konnte ich die beiden nicht sehen, hatte aber buchstäblich vor Augen, wie Loki sich an ihrem Gehwagen aufrichtete und vor ihrem Mann stramm machte, um die wichtige Mitteilung zu empfangen.

«Ich liebe dich noch immer», lautete sie.

Dann kam Loki ums Eck herum. Wir begrüßten uns herzlich und heute mit besonderem Lächeln im Gesicht. Ich freute mich über dieses alte und alberne Ehepaar mit seinem tiefen Ernst. Und wir begannen mit der Arbeit.

Zeit und Wandel: Wir Höhlenkinder

Als ich heimkam, blinkte der Anrufbeantworter. Wer draufgesprochen hatte, ahnte ich schon.

«Nach dem Pieps bin ich das, Loki Schmidt. Ich bin ja so gerührt. Natürlich habe ich das Buch bald ausgewickelt, als Sie weg waren. Und was finde ich? Die heißgeliebten Höhlenkinder.»

Es war unser letztes Treffen vor Weihnachten gewesen und ich hatte ihr ein Buch mitgebracht, schön eingepackt natürlich, mit der Maßgabe, es erst an Heiligabend zu öffnen; wohl wissend, dass Loki ihre Neugier kaum zügeln würde. Im Päckchen steckten die «Höhlenkinder» des böhmischen Schriftstellers Alois Theodor Sonnleitner, denn für mich war es ein Aha-Erlebnis zu erfahren, dass eines der Lieblingsbücher meiner Kindheit, das ich mindestens sieben, acht Mal gelesen hatte, auch für Loki prägend gewesen war.

«Es war sogar das erste Buch, das ich überhaupt geschenkt bekam», hatte sie mir erzählt. «Sie wissen ja, dass ich armer Leute Kind bin. Da war das schon etwas sehr Besonderes für mich.» Während des Krieges verbrannten ihre «Höhlenkinder» im Feuersturm.

In diesem Buch, das 1918 erschien – ein Jahr vor Lokis

Geburt also –, geraten zwei Kinder in ein abgelegenes Hochgebirgstal der Alpen. Ein Erdrutsch versperrt ihnen den Weg zurück, und so sind die beiden in der Wildnis allein auf sich gestellt. Durch Versuch und Irrtum entwickeln sie immer bessere Werkzeuge, erst aus Stein, später aus Metall, leben zunächst in einer Höhle, dann im Pfahlbau und in Steinhütten, domestizieren schließlich sogar Tiere und Pflanzen. So vollziehen sie innerhalb einer Lebensspanne die gesamte Kulturgeschichte der Menschheit nach – von der Steinzeit über die Bronze- bis zur Eisenzeit.

«Für mich ist das ein ideales Buch für neugierige Kinder», sagte Loki. «Der Überblick über die Erdgeschichte, der ist für Kinder überzeugend, ohne dass es sich um Riesenzusammenhänge handelt.»

Ereignisse aus der Erd- und Kulturgeschichte faszinierten Loki früh: Ob der Vater ihr die Plattentektonik erklärte, indem er Südamerika und Afrika aus Zeitungsschnipseln zusammenpuzzelte, ob sie im Hamburger Rathaus das «Kitschbild» mit der Urelbe betrachtete, ob die Eltern nach einem Volkshochschulvortrag erzählten, wie mühsam das Leben nach der Eiszeit gewesen sei, bei Loki weckte das – wie immer – Faszination, Neugier und Handeln zugleich: «Da kam zwangsläufig die Frage auf, wie die Menschen vor vielen Jahrtausenden hier gelebt haben. Womit haben sie Tiere gejagt? Mein Vater sagte, es könnte sein, dass hier am südlichen Rand der Elbe auch noch Reste von den Steinwerkzeugen zu finden sind. Und dann sind wir ausgeschwärmt und haben mit meinem Bruder zusammen am Rand der Heide kleine Feuersteinklingen gesucht. Natürlich wollten wir solche Klingen selbst herstellen, mein Bruder und ich. Meine Güte, hatten wir dann kaputte Hände, aber immerhin haben wir mit Mühe und Not ein paar Abschläge hingekriegt. Das Prinzip eines Steinwerkzeuges haben wir begriffen, wenn auch mit blutenden Händen.»

Ich kenne nur wenige Menschen, denen die langen Zeitläufte der Erd- und Kulturgeschichte so gegenwärtig sind, wie ich es bei Loki erlebte. Nicht nur abstrakt im Denken, sondern ganz selbstverständlich im Alltag spürbar waren diese zeitlichen Dimensionen für Loki, ebenso wie das Wissen um den steten Wandel auf der Erde. Loki hatte ein Zeitgefühl, das weit über das eigene Leben hinausging. Und nur wenige können das ausdrücken.

Am Neubergerweg 80, wo die Schmidts seit 1961 wohnten, waren für Loki viele Zeiten an einem Ort präsent: Vor vielleicht sechs- oder siebentausend Jahren hätten womöglich Steinzeitmenschen auf jenem jägerzaunumgrenzten Grundstück gehaust, auf dem später Staatenlenker aus und ein gehen sollten. Und diese Jäger und Sammler hätten etwas für sie zurückgelassen: «Als ich aus dem Chaos um das neu gebaute Haus einen Garten machte, habe ich eine steinzeitliche Klinge gefunden, eine erstklassige Klinge. Ich war so hingerissen von diesem Fund, dass ich meinem Mann gesagt habe: Die ist noch so scharf wie früher. Und da hat er mich gebeten, den Docht einer Kerze mit dieser Klinge zu zerschneiden, was mir ohne weiteres gelungen ist! Der Mensch, der sein Steinmesser für mich hinterlassen hat, war wohl besonders tüchtig.»

Außerdem fand sie dunkle Brocken einer besonders harten Erdschicht, «Ortstein» genannt, die sich unter Heideflächen bildet. Anlass für Loki, über die vergleichsweise jüngere Geschichte ihres Grundstücks nachzudenken. Sie fragte im Ortsamt nach alten Karten – und bekam eine von 1780, wo nicht nur das kleine Diekmoor nebenan eingezeichnet war, in dem sie gern botanisierte, sondern auch ein Heidegebiet. «Es deutete alles darauf hin, dass hier vor vielleicht zwei-, dreihundert Jahren oder noch mehr eine Heidefläche war.» Davon war nicht mehr viel zu sehen, als die Siedlung der Schmidts gebaut wurde, doch für Loki war die Vergangenheit ihres Zuhauses wichtig – genauso wie seine Zukunft, die sie mir bei anderer Gelegenheit ausmalte: «Wenn in Langenhorn mal keine Menschen mehr wohnen aus irgendeiner tragischen Situation heraus, dann wird hier ein Urwald entstanden sein.»

So viele Zeiten an einem Ort präsent zu haben, das Vorgestern, Gestern, Heute und sogar Morgen nebeneinander zu betrachten – prinzipiell wäre das ja an jedem Flecken der Erde möglich –, das ist typisch Loki. Beiläufig flocht sie regelmäßig solche Gedanken ein, etwa als wir einmal über die Anfänge ihrer Stiftung in den siebziger Jahren sprachen: «Gerade wollte ich sagen, das ist schon lange her, aber so lange ist das für Pflanzen und Tiere ja nicht, wenn man die Evolution ansieht.» Und dann sprach sie weiter von der Stiftung.

Solche Zeitspuren legte sie überall – und sie fand sie überall: Steinzeitklingen entdeckte sie auch am Brahmsee. Ihr junger «Urwald» dort ist ein Langzeitversuch in der Zeit – von der bäuerlichen Landschaft zu einer Wildnis, die der nacheiszeitlichen ähnelt, wenn auch aus «zweiter Hand». Auf den waldfreien, kuppigen Hügeln der schleswig-holsteinischen Umgebung mochte sie die Krähenbeeren – immergrüne Heidegewächse mit essbaren schwarzen

Jäger und Sammler: Fossilien und steinzeitliche Klingen, Enten- und Nashornfiguren, Halbedelsteindrusen und Skulpturen aus vieler Herren Länder.

Die Glasvitrine voller Artefakte am Eingang zum Wohnzimmer zeugt vom vielfältigen Interesse der Schmidts – an der Erd- und Kulturgeschichte, an Natur, Kunst und menschlichem Dasein überhaupt.

Beeren, die heute meist viel weiter nördlich zu Hause sind. Hierzulande konnten sie sich nur an den Nordhängen halten, die der Sonne abgewandt und somit kühler sind. Sie erinnerten Loki als lebende Überbleibsel an die Eiszeit, als Norddeutschland von dicken Gletschern bedeckt war.

Jeder blühende Klatschmohn rief bei Loki nicht nur Freude darüber hervor, dass es solche Ackerblumen noch gab in unserer monotonen, industrialisierten Landwirtschaft. Sie verband ihn außerdem in direkter Linie mit jenen Menschen, die vor Jahrtausenden aus dem «fruchtbaren Halbmond», den heutigen Ländern Israel, Jordanien, Syrien, Iran, Irak, Türkei und Libanon, nach Europa zogen, wo sie mit ihren völlig neuen Sitten – dem Ackerbau und der Viehzucht – die hiesige Kultur der Jäger und Sammler ablösten. Dabei brachten die Migranten unbeabsichtigt jene bunte Pflanzen aus Vorderasien mit, die wir heute als typisch einheimische Gewächse unserer Äcker betrachten, Kornblume, Margerite und den Klatschmohn eben.

Über die «Entwicklung der Pflanzenwelt in Europa» referierte Loki auch der illustren «Freitagsgesellschaft» ihres Mannes, jenem Diskussionszirkel, den dieser 1985 ins Leben gerufen hatte: Im Winterhalbjahr traf sich eine feste Runde aus Politikern, Unternehmern, Künstlern, Ärzten und Wissenschaftlern am zweiten Freitag im Monat am Neubergerweg, um dort «Gesprächspartner über eigenes berufliches Gebiet hinaus zu finden und sich auszutauschen», so drückte es Helmut Schmidt aus.[1]

«Eigentlich war ich nur die Kochfrau», erzählte mir Loki, die offiziell als Gastgeberin fungierte und Hausmannskost servierte. «Aber wenn Not am Mann war, weil plötzlich ein Vortrag ausfiel, musste ich einspringen.» Mit der Entwicklung der Pflanzenwelt war die Zeit das übergeordnete Thema jenes Vortrags. Loki spannte einen Bogen vom Ende des Erdzeitalters Tertiär vor zweieinhalb Millionen Jahren, vom Beginn der Eiszeiten, bis heute und vermittelte ihren Zuhörern damit einen Horizont, der weit hinausging über Legislaturperioden, das eigene Leben und das, was wir gemeinhin als Geschichtsschreibung bezeichnen. Auch das gehört zum Betrachten der Wirklichkeit hinzu, wenn man die Welt verstehen und verantwortungsvolle Entscheidungen treffen will: zumindest eine Ahnung von jenen Dimensionen zu haben, die weit über den Menschen hinausreichen. Denn oft bleibt die Wahrnehmung der Zeitläufte in dem stecken, was man selbst erlebt, Loki aber schaute immer wieder darüber hinaus.

Dieses Wissen um den steten Wandel, um das dauernde Verschwinden und Neuentstehen in der Natur, um Naturkatastrophen, aber auch um Umbrüche gesellschaftlicher Art führte Loki auch die eigene Vergänglichkeit vor Augen. «Man hat ja inzwischen so viele Beispiele – Menschen, die gestorben sind –, dass man sich denkt: Das ist der Lauf der Welt. Alles hat seine Zeit – und das war es dann», sagte sie mir einmal.

Die Erkenntnis, dass die Zeit, die einem zur Verfügung steht, endlich ist – sie lässt uns das wertschätzen, was ist, was man bekommt, was man hat, was man erreichen kann – und was in diesem Augenblick da ist. Diese Wertschätzung mag zu Lebenslust werden – lebendig ist es in jedem Fall, den Augenblick mit seinem Wert zu nutzen. Aus dieser Sicht lässt sich einmal mehr nachvollziehen, was Helmut und Loki Schmidt während des Zweiten Weltkriegs zu ihrer Hochzeit bewogen hatte: das Bewusstsein, dass die

Gegenwart womöglich alles war, was ihnen blieb. Wir haben nur dieses eine Leben – und es ist jetzt.

«Wissen Sie, wenn man Botaniker, Biologe ist, wird man ja beinahe täglich mit Wundern konfrontiert», sagte Loki im Gespräch mit Reinhold Beckmann, als sie über die großen Fragen des Daseins sprachen: die Welt, das Universum, die Unendlichkeit. «Es wird einem eigentlich jeden Tag deutlich, dass eine übergeordnete Macht dieses ganze Gefüge zusammenhält. Ob sie das jetzt Gott nennen oder anders.»[2] Sie selbst brauche es allerdings nicht, an Gott zu glauben, erzählte sie im gleichen Gespräch, «aber ich weiß, dass es vielen Menschen einen zusätzlichen Halt gibt und besonders älteren Menschen, und ich finde das sehr gut». Als Lebensform habe sie Religion immer interessant gefunden, sagte Loki zu Reiner Lehberger.[3]

Als Loki und ich einmal auf eine neue spannende Detailfrage stießen, sagte sie: «Ich habe mich immer noch nicht genug gewundert.» Es war diese Art des neugierigen Wunderns und Staunens über die Natur und ihre zeitlichen Dimensionen, die ihr in besonders schwerer Stunde einmal Trost gab: «Wir waren ausgebombt in Hamburg, mein Mann war weit weg, an der Westfront. Mein Kind war gerade gestorben, und ich lebte in einer winzigen Gutsarbeiterwohnung irgendwo in der Nähe von Berlin. Und da guckte ich mehr aus Langeweile und dem Bedürfnis, mich abzulenken, weniger aus Wissenstrieb in die Zeitung. Und irgendwo auf einer Seite entdeckte ich einen zwei Daumen breiten Artikel: ‹Unbekannte Pflanze in China entdeckt›. Sie haben wohl sogar geschrieben, dass es ein Urweltmammutbaum war. Da war mein Tag gerettet. Da sah die Welt doch schon wieder ein ganz klein bisschen rosa getüncht aus.»

Nicht nur, weil sich ein über dreißig Meter hoher Baum so lange vor der Wissenschaft verborgen halten konnte, war er für sie «ein fabelhaftes Geschenk in dieser schlimmen Zeit». Nein, bislang waren Urweltmammutbäume der Gattung *Metasequoia* nur fossil bekannt und galten als seit Jahrmillionen ausgestorben – und so war die chinesische Entdeckung ein tot geglaubter Überlebender der Erdgeschichte. «Ich dachte: Hoffentlich kriegst du dieses Relikt aus der Ur-Ur-Urzeit mal irgendwann zu sehen», erzählte sie mir.

Trotz der Trauer um den gerade verstorbenen Sohn, trotz des Krieges mit seinen Verwüstungen, trotz der Einsamkeit fern von Hamburg war da wieder, typisch Loki, dieses Nebeneinander von Gegenwart und Erdgeschichte. Und verschaffte ihr Trost in tiefem Schmerz.

Am Ende unseres Naturbuches erzählt Loki von einem weiteren lebenden Fossil, der *Wollemia*, einem australischen Baum, der erst 1994 in einer abgelegenen Schlucht nördlich von Sydney entdeckt wurde und nur dort vorkommt: «Während hier bei uns Kriege geführt, Menschen verschoben und was weiß ich für Entdeckungen gemacht wurden, hat die *Wollemia* da ganz friedlich und unbemerkt all die Jahrmillionen überstanden. Und jetzt auf ihre alten Tage kommt sie noch einmal herum auf der Welt – und wächst sogar im Botanischen Garten Hamburg.»

Als wir unser Manuskript besprachen und gemeinsam diese Stelle lasen, schaute mich Loki an: «Ist das nicht schön, dass wir am Schluss des Buches noch mal in die Vergangenheit blicken?»

Mich interessiert die Herkunft von Wörtern: etwa die des Wortes Religion. Häufig wird es mit «Glaube» gleichgesetzt, religiös sein mit «gläubig sein», dabei stammt es vom lateinischen *ligare* ab, was «binden» oder «verbinden» heißt. Zusammen mit der Vorsilbe *re-* für «rück» ergibt sich der eigentliche Wortsinn – «Rückbindung».

Und so sehe ich Loki, denn in diesem Sinne war sie durchaus religiös: ein im Geiste jung gebliebenes, abenteuerlustiges Höhlenkind, rückgebunden an die Erdgeschichte und die Wunder der Evolution, an unsere Kulturgeschichte von der Steinzeitklinge bis zum Anrufbeantworter, immer wissend: «Der Mensch lebt nicht nur in der Natur, er ist ein Stück Natur.»[4]

Altwerden: Biologisch interessant

Welche Früchte sammeln Sie gern im Herbst?»

Schon während ich diese Frage stellte, bemerkte ich Lokis Schmunzeln und korrigierte mich rasch: «Oder welche *haben* Sie gern gesammelt?»

«Ja, *so* ist das richtig.»

«Ich habe schon Ihr Gesicht gesehen.»

«Ich bin etwas gerührt, das dürfen Sie mir nicht übel nehmen, weil ich denke: Oh, jetzt vergisst er wieder, wie alt du bist. Und das empfinde ich als angenehm. Ich vergesse, wenn wir uns unterhalten, ja auch manchmal, dass ich dem Einundneunzigsten zustrebe. So, Ende mit diesem Einschub. Was ich für Früchte gesammelt habe, wollen Sie wissen?»

Das Alter, ihr Alter war regelmäßig Thema, vor allem seine Beschwernisse. Verklärt hat Loki nie, was sie dabei erlebte.

«Nein, dieser Lebensabschnitt, der vielleicht vor drei, vier Jahren anfing, der hat mich, wenn ich ehrlich bin, doch sehr überrascht. So habe ich mir das Altwerden nicht vorgestellt.»

«Was war überraschend?»

«Wahrscheinlich die körperlichen Unzulänglichkeiten,

die man irgendwie beiseitepacken muss, damit man noch etwas tun kann. Mein Mann und ich, wir sind ja beide verdorben, wir haben unser Leben lang etwas tun müssen und später wollen, und wenn man das dann nur noch in Etappen kann und zwischendurch Schmerztabletten nimmt oder rumstöhnt – nö.»

Dann zitierte Loki aus dem Alten Testament, Psalm 90, Vers 10:

«‹Unser Leben währet siebzig Jahre,
und wenn's hoch kommt, so sind's achtzig Jahre,
und wenn's köstlich gewesen ist,
so ist es Mühe und Arbeit gewesen;
denn es fährt schnell dahin,
als flögen wir davon.›

Also, das Köstliche haben wir hinter uns.» Sie lachte und beendete den Gesprächstag mit einem deutlichen «So!».

Das Köstliche ist Mühe und Arbeit: Wir saßen hier zusammen, Loki mit ihren neunzigeinhalb, auf das halbe Jahr legte sie ja immer wieder Wert, und arbeiteten gemeinsam – mit großer Freude zwar, aber Arbeit war es. Zu arbeiten gehörte einfach zu Lokis Selbstbild, das war ihr sinnstiftend.

«Wenn die körperlichen Kräfte nicht mehr reichen, kommt man sich ein bisschen überflüssig vor. Dieses Altwerden ist eine sehr neue Erfahrung. Und da entdeckt man Dinge, die man vorher nicht vermutet hat. Insofern darf ich ja nicht undankbar sein, aber lustig ist es nicht. Und wenn man dann etwas Lustiges angeboten kriegt, dann wäre man ja dumm, wenn man das nicht ergriffe.»

Das «Lustige» war unser gemeinsames Buchprojekt. (Zu diesem Zeitpunkt war noch nicht klar, dass Loki bald an zwei weiteren Büchern schreiben würde; die Ideen dazu waren noch nicht entstanden. Sie hat also in ihrem letzten Lebensjahr an drei Büchern gearbeitet – und alle beendet.) Und weil wir so «durch Zufall ein gutes Gespann» geworden sind und es uns beiden «sehr viel Spaß machte, sinnvoll miteinander zu klönen», überschritten wir meist deutlich die anfangs angedachte Zeit von anderthalb Stunden pro Treffen, obwohl Loki das lange Sitzen oft schwer fiel und sie hin und her rückte, bis sie eine bessere Sitzposition gefunden hatte: «Entschuldigung, das ist meine Bastelarbeit im Rücken, wobei es phantastisch ist, wenn man mal auf einer Röntgenaufnahme sieht, wo die Schrauben in Knochen gebohrt sind und wo Verbindungswege sind. Nur, es tut ein bisschen weh.»

Wenn wir dann nach unseren Gedankenexpeditionen irgendwann auf die Uhr schauten, waren oft drei Stunden vergangen. Unsere Gespräche waren abwechslungsreich und voller überraschender Wendungen. Einmal redete ich vom «Lob der Langeweile» und wollte darauf hinaus, dass es für Kinder wichtig sei, sich zu langweilen, damit sie lernten, eigene Ideen zu entwickeln, um sich sinnvoll zu beschäftigen. Für sich selbst wollte Loki das aber nicht gelten lassen: «Kommen Sie mal in mein Alter! Das ist etwas, was ich noch nicht verkraftet habe, vielleicht auch nie verkraften werde – eine Seite nicht des Altwerdens, sondern des schon länger Alt-Seins: dass so wenig Anregung von außen kommt, ein Buch vielleicht. Mein Mann sagt schon manchmal zu mir: Lies die Zeitung doch nicht so sorgfältig. Wenn man sein Leben lang so viel Interessantes getan hat – man wird ungeduldig mit sich, weil man so vieles nicht mehr kann.»

Ihrem Mann zuliebe verzichtete Loki allerdings auf

manche Anregung: «Ich könnte mir zum Beispiel dauernd Musik anhören. Das habe ich mir abgewöhnt – abgearbeitet. Mein Mann kann nicht mehr hören und das Gefühl – ich setze mich in den Sessel und höre mir Musik an, die ich gern mochte, und er sitzt davor und hört nichts. Nein, das war ein Grund, dass ich damit aufgehört habe, auch aufgehört habe, selbst zu spielen.»

Während unserer Gespräche rief Siegfried Lenz manchmal bei Loki an – und dann sangen die beiden alten Freunde gemeinsam ein Loblied auf ihre Rollatoren, die ihnen die Freiheit gaben, sich selbstständig mit größerem Radius sicher zu bewegen. Im Hause Schmidt waren mehrere Gehwagen für Loki und Helmut nach ausgetüfteltem Plan über die verschiedenen Ebenen verteilt, sodass die beiden ohne Probleme umsteigen konnten, wenn sie mit Hilfe des Treppenlifts die Etage wechselten. Loki schwärmte von allem, was ihr die Mobilität erhielt: «Wenn Sie doppelt so alt sind wie jetzt und einen Lift brauchen, nehmen Sie diese Liftfirma. Das haben Sie ja auch vorhin bei dem Wortgeplänkel gehört, ich durfte nicht nur neugierig zugucken, sondern der Monteur hat wirklich auf alle Fragen geantwortet. Und es ist ja was Interessantes, finden Sie nicht? Der hier fährt sogar um zwei Kurven rum.»

Im Botanischen Garten war man auf Besuche von Loki eingerichtet, die noch immer regelmäßig vorbeikam: «Die haben einen wunderbaren Bus, nur mit Dach und ganz vornehmen Bänken, mit dem man Menschen, die nicht richtig laufen können, herumspaziert. Und den werde ich morgen wieder besitzen.» «Lokimobil» wurde das weiße Elektrogefährt dort genannt, was sie amüsierte.

Am 3. März hatte sie Geburtstag. Ich hatte Loki eine Karte geschrieben, denn an jenem Tag waren wir nicht verabredet. Anrufen wollte ich sie nicht, weil ich davon ausging, dass ihr Telefon ohnehin unentwegt ringen würde. Am frühen Abend klingelte es dann bei mir im Büro.

«Loki Schmidt …»

Natürlich gratulierte ich zuerst, um sie dann zu rügen: «Aber Frau Schmidt! Was fällt Ihnen ein? Den ganzen Tag halte ich mich zurück, um Sie heute *nicht* anzurufen. Weil sich doch bestimmt Gott und die Welt bei Ihnen melden!»

«Das stimmt auch, Herr Frenz. Und ich sitze auf einem Haufen netter, aber langweiliger Geburtstagspost: Glück, Zufriedenheit, Gesundheit – und noch ein langes Leben.»

Den letzten Wunsch fand sie für eine gerade einundneunzig Gewordene ein wenig absurd, das war ihr deutlich anzuhören.

«Überall steht dasselbe drin! Und jetzt wollte ich einfach mal mit einem normalen Menschen reden.»

Mit welcher Selbstverständlichkeit sie sich von mir holte, was sie an diesem Tag vermisst hatte, fand ich beeindruckend – und war gerührt.

«S-teht Ihnen gut, das Gerührtsein», sagte sie.

Überhaupt beeindruckte mich, wie Loki sich in hohem Alter so offen und zugeneigt auf mich, einen völlig neuen Menschen in ihrem Leben, eingelassen hatte, wie neugierig sie an meinem Leben teilnahm. Die Phase, in der wir uns regelmäßig, manchmal zwei, drei Mal in der Woche getroffen hatten, war irgendwann vorbei. Auch als der Text selbst stand, gab es noch viel zu erledigen – gemeinsam die Druckfahnen durchgehen, Korrekturen einarbeiten, Bilder auswählen –, aber irgendwann sahen wir uns seltener. Also telefonierten wir, wenn gerade sonst nichts anstand, um zu hören, wie es dem anderen ging. Uns beiden war klar, dass wir unsere «Buchbeziehung» gern in eine andere überführen wollten. In einem solchen Augenblick, gerade nach einer so intensiven Anfangsphase, dauert es ja manchmal ein wenig, bis man neue Rituale miteinander gefunden hat.

Im Sommer war ich auf Drehreise vor Seattle, wo wir Schwertwale filmen wollten; von diesen Erlebnissen schrieb ich ihr und auch, wann ich wieder in Hamburg wäre. Schon am Tag nach meiner Rückkehr rief Loki an, bedankte sich für den Brief, ich erzählte von der Reise, und immer wieder betonten wir, dass wir uns nun wiedersehen wollten. Aber wir wurden beide nicht so recht konkret – was mich wunderte.

«Jetzt lassen Sie uns aber mal einen Termin ausmachen, Frau Schmidt!», sagte ich irgendwann.

«Schön, dass Sie das sagen. Ich habe mich nicht getraut zu fragen», sagte Loki, überraschend kleinlaut.

Wir waren wohl beide unsicher, aufdrängen wollten wir uns dem anderen nicht.

Als ich Loki Anfang August besuchte, war das unser erstes Treffen, das überhaupt nichts mit dem Buch zu tun hatte. Loki kam wie immer am Rollator auf mich zu, blieb, anders als sonst, kurz vor mir stehen, um ihre Jacke zu öffnen und das T-Shirt darunter zu zeigen, auf dem die Worte standen: «Still alive». «Noch lebendig.» Wir mussten beide sehr lachen.

Beim Kaffee wollte sie von meinen nächsten Projekten erfahren, und ich erzählte von einem geplanten Buch über das Artensterben, über ein Thema also, das uns beiden am

Herzen lag. Neugierig fragte sie mir Löcher in den Bauch: Den Dodo, die flugunfähige, tapsige Taube von Mauritius, kannte sie natürlich; die ausgerotteten Quaggas, jene nur zur Hälfte gestreiften Zebras, von denen die größte übrig gebliebene Herde im Mainzer Naturhistorischen Museum steht, waren neu für sie. Ob sie mich um einen Gefallen bitten könne? Ob sie erste Leserin sein und Korrektur lesen dürfe? Sie sei zwar jetzt auf ihren letzten Metern, aber sie hoffe, gemeinsam mit ihrem Mann den siebzigsten Hochzeitstag zu erleben.

Daheim rechnete ich nach: Der siebzigste Hochzeitstag, das wäre der 27. Juni 2012. Fast zwei Jahre waren es noch bis dahin, mehr als das Doppelte der Zeit also, die wir uns kannten. Das ist ein realistisches Ziel für zwei so willensstarke Persönlichkeiten wie Helmut und Loki Schmidt, dachte ich beruhigt.

Bevor ich im September in den Urlaub fuhr, hatte ich gerade das erste Exemplar unseres «Naturbuchs» aus dem Briefkasten geholt und rief sie an; Loki hatte ihres noch nicht. Natürlich wollte ich wissen, wie es ihr ging.

«Mir fehlt gerade die Pflicht zu arbeiten, Herr Frenz. Das ist gar nicht gut», sagte sie, die gerade das letzte ihrer drei Bücher dieses Jahres abgeschlossen hatte. Und sie erzählte vom Unbill des Alters, nun habe sie auch noch ein Hörgerät bekommen, zum Ausprobieren.

«Aber ich will nicht jammern.»

«Frau Schmidt, Sie jammern nicht, Sie beschreiben nur, wie es Ihnen geht – auf meine Frage hin. Wenn Sie von Ihrem Alter und Ihren Beschwerden reden, habe ich immer das Gefühl, Sie stellen sich neben sich, um sich selbst zu beobachten: was der Körper da gerade wieder macht, wie

Ein Leben lang verbunden: in Ernsthaftigkeit und Albernheit, dank unterschiedlicher Interessen, gegenseitiger Neugier und getrennten Geschäftsbereichen.

er sich verändert. Das ist dann zumindest biologisch interessant und dadurch gleich besser auszuhalten.»

«Ja, Herr Frenz, genauso ist das wohl.»

Wir verabredeten, dass ich nach meinem Urlaub vorbeikäme, damit wir gemeinsam auf unser Buch anstoßen könnten – mit einem Whisky.

«Und ich komme dann nicht nur aus biologischem Interesse.»

Loki lachte los. «Das muss ich unbedingt meinem Mann erzählen. Darüber kicher ich noch heute Nachmittag.»

Der letzte Whisky

Zu ihm ist es nicht mehr gekommen.

Auf der Rückfahrt aus dem Urlaub las ich die Schlagzeile: «Loki Schmidt im Krankenhaus». Sie war gestürzt, hatte sich das Sprunggelenk des rechten Fußes gebrochen, wurde operiert. Das klang nicht gut. Und in den nächsten Wochen wurde es nicht besser. Am Ende ist sie nach Hause in den Neubergerweg zurückgekehrt und dort einen Monat nachdem sie gestolpert war, am 21. Oktober 2010, gestorben. Gesehen oder gesprochen haben wir uns nicht mehr.

Bei der Trauerfeier im Hamburger Michel am 1. November 2010 waren alle da: Helmut Schmidt und Tochter Susanne samt Mann, natürlich; Siegfried Lenz als guter Freund und Mit-Ehrenbürger; dazu Angela Merkel und Gerhard Schröder; Horst Köhler mit Gemahlin, die in diesem letzten Jahr noch im Neubergerweg zu Besuch gewesen waren; Richard von Weizsäcker; alte Bonner Weggefährten wie Hans-Dietrich Genscher, Hans Apel und Hans-Jochen Vogel; Bundes-, Landes- und Parteiprominenz in großer Zahl; die Hamburger Politik von Ole von Beust bis Olaf Scholz; Mediengrößen wie Friede Springer, Giovanni di Lorenzo, Sandra Maischberger und Reinhold

Beckmann. Insgesamt zweitausend Trauergäste, davon eintausendzweihundert «normale» Hamburger Bürger, worauf Loki Wert gelegt hatte. Ebenso war es ihr Wunsch, dass ihr guter Freund, der frühere Hamburger Bürgermeister Henning Voscherau, die Trauerrede hielt. «Darf ich bei dir noch eine Bestellung aufgeben?», habe sie ihn schon vor einigen Jahren gefragt. Das Fernsehen übertrug die Trauerfeier live, die Nachrichtensendungen und Titelblätter der Zeitungen und Zeitschriften waren voll.

Da war es wieder, was ich einfach nicht zusammenbekam: die öffentliche Bundesloki und jene, mit der ich in diesem Jahr fast immer nur zu zweit beisammensaß, albern und ernsthaft, neugierig und zugewandt, mit der ich so schnell vertraut war.

Nach Weihnachten machte ich mich mit einer Flasche Whisky und unserem Buch in der Tasche auf den Weg zum Friedhof, zu Lokis Grab.

Der Ohlsdorfer Friedhof ist ein großer, grüner Park im Norden Hamburgs, mit einer Fläche von fast vierhundert Hektar mehr als doppelt so groß wie Helgoland. Straßen in einer Länge von insgesamt siebzehn Kilometern führen hindurch. Zwei Buslinien verkehren eigens auf dem Friedhofsgelände und verbinden insgesamt zweiundzwanzig Haltestellen. Der Friedhof Ohlsdorf ist zugleich ein Naturparadies und mit seinen über vierhundert Laub- und Nadelbaumarten ein beliebter Ort für Exkursionen: «Ohlsdorf geht immer», sagen die Hamburger Botaniker. Rehe leben hier, Feldhasen, Füchse und Marder, Wildgänse und Eisvögel. Sogar der seltene Uhu brütet zwischen den Gräbern.

Von alldem sah ich nicht viel. Der Dezember 2010 war

einer der kältesten in der Hansestadt seit 1891. Noch nie seit Beginn der Wetteraufzeichnungen wurde in Hamburg zu Weihnachten eine dickere Schneedecke registriert als in diesem Jahr. Die weiten Wege des Friedhofs waren vereist und lagen in tiefem Schnee. Es war bitterkalt, die schlitternde Rutschpartie auf dem Eispanzer war nicht ungefährlich. Irgendwann machte ich kehrt und dachte dabei über etwas nach, das mich nach Feuerbestattungen schon öfter beschäftigt hatte: Nach meinem Gefühl befindet sich in der Urne, die bestattet wird, nicht der Körper des Verstorbenen. Darin liegt ein bisschen Asche, die durchaus von dem Toten stammt. Doch für mich ist es etwas anderes, als wenn ein Körper als Ganzes beerdigt wird.

Kurz: Loki lag für mich gar nicht da.

Mir fiel ein Gespräch ein, das Loki mal mit Reinhold Beckmann geführt hatte: «*Ich habe die Vorstellung, dass kein Molekül, kein Atom auf der Erde verloren geht. Das ist keine Hypothese. Wenn ich gestorben bin, zerfalle ich aus irgendwelchen Gründen. Ich will mal ganz grob sagen: Wird man als Ganzes beerdigt, kommen die Würmer. Wenn man verbrannt wird, wird die Asche von der Umgebung aufgenommen.*»[1]

«Aber Frau Schmidt», dachte ich für mich, «das stimmt so nur zum Teil. Die Asche ist doch nicht alles. Beim Verbrennen werden die meisten Bestandteile des Körpers zu Kohlendioxid und Wasserdampf. Als Moleküle gehen sie direkt aus dem Krematorium in die Luft.»

«Da haben Sie natürlich recht», hörte ich Loki mir entgegnen. «Verbrannt zu werden bedeutet also auch, sich in Luft aufzulösen.»

«Ja, wer sich einäschern lässt, der wandert zu großen Teilen gleich in die Atmosphäre», antwortete ich, überrascht über unser gleich wieder beginnendes Gedanken-Pingpong.

«Ich bin wirklich der Meinung, dass man sich in all die Bestandteile auflöst, in Atome und Moleküle, aus denen man zuvor bestand.»

«Und wissen Sie, wie viele das sind? Ich habe mal nachgeschaut: Ein Mensch besteht aus etwa 10^{28} Atomen …»

«Das liegt mal wieder außerhalb meines Vorstellungsvermögens.»

«Ja, das ist eine Zahl mit achtundzwanzig Nullen. Das sind mehr Atome, als es Bärtierchen in München gibt.»

«Haben Sie etwa auch einen kleinen mathematischen Fimmel?»

«Natürlich kann man das anschaulicher ausdrücken, Frau Schmidt. Das sind so viele, dass in jedem einzelnen Atemzug, den wir nehmen, Atome sind, die Julius Cäsar bei seinem letzten Atemzug ausgeatmet hat. Von Karl dem Großen ebenso, von der Jungfrau von Orleans und von jenem Steinzeitmenschen, der die Feuersteinklinge aus Ihrem Garten in Langenhorn hergestellt hat …»

«Das kann ich mir wieder gut vorstellen.»

«… aber auch von Adolf Hitler.»

«Da können die Atome nichts für, Herr Frenz!»

«Es bedeutet jedenfalls: Sie sind auch schon zum großen Teil hier in der Luft um uns herum, Frau Schmidt.»

«Dieses Gefühl, dass man Teil von diesem Ganzen, von diesem Großen …»

«… diesem Zyklus ist …»

«… ja, das finde ich ganz beruhigend.»

«Und wissen Sie was: Der größte Teil der Wasserstoffatome, die wir in uns tragen, der ist schon in den ersten drei

Mit präzisem, aufmerksamem Blick – erst mal gucken, nicht gleich reden. Mein Lieblingsbild von Loki.

Minuten des Universums entstanden, vor über dreizehn Milliarden Jahren. Es geht also wirklich nichts verloren.»

«Aber Herr Frenz, dass wir darüber jetzt auch noch gesprochen haben, das ist doch schön. Finden Sie nicht?»

Was bleibt

Vom Ende her betrachtet, sieht ein Leben manchmal so stimmig aus. Worauf kommt es an? Was hat es ausgemacht, geprägt? Und was hinterlasse ich nach diesem Leben?

«Es wäre schön, wenn im nächsten Jahrhundert noch jemand an mich dächte», hatte Loki geantwortet, als sie gefragt wurde, ob die von ihr entdeckten Arten auch nach ihr benannt werden können. «Nun heißt diese neu gefundene Bromelie *Pitcairnia loki-schmidtiae* und mein Skorpion *Tityus lokiae.*»

Bei diesen beiden Namenspatenschaften ist es nicht geblieben: «Bei der ersten Pflanze, die meinen Namen getragen hat, war ich natürlich selig. Aber dann werden noch ein paar nach einem benannt, die man nicht selbst gefunden hat, sondern jemand anders: eine wunderschöne Bromelie aus Costa Rica, glaube ich, die riesengroß ist. Und dann kommt der Augenblick, wo man nicht noch einmal Pate sein möchte. Können Sie das verstehen?»

«Es nutzt sich ab?»

«Man hat plötzlich das Gefühl, vielleicht denken andere: Ach so, das ist die Frau vom Bundeskanzler, deswegen bekommt die das. Und das will man auch nicht.»

Was wollte sie dann?

Lokis Leben war prallvoll, eigentlich passten drei Leben hinein, so sagte sie es oft. Ein solch pralles Leben muss man sich erst einmal «er-leben». Je mehr ich mich mit ihrer Biographie beschäftigte, desto wichtiger wurde dieser Begriff. Er bedeutet: Loki musste sich ihr Leben zusammenleben, als «Jäger und Sammler» sozusagen – mit diesen Worten beschrieb sie sich gern selbst: «Das ist eine vornehme Umschreibung für: Ich bin immer noch neugierig.» Und diese Neugier brachte ihr eine Menge Erfahrungen und ein reiches Leben ein.

Was also bleibt?

«Lehrer bleibt Lehrer», sagte Loki oft. Und sie hatte recht, denn ihr ganzes Leben lang, auch im Alter, bescherte sie ihren Mitmenschen Expeditionen in den geheimnisvollen Alltag um uns herum. Dort liegt für mich der Kern ihrer Hinterlassenschaft: Erlebnisfähigkeit zu fördern, damit andere sich etwas er-leben können. Und dafür hatte Loki einige Vorkehrungen getroffen.

Das Haus im Neubergerweg 80 wird bestehen bleiben. Es ist schon lange der Helmut-und-Loki-Schmidt-Stiftung übertragen, die anlässlich der Goldenen Hochzeit 1992 gegründet wurde, um das Archiv der beiden mit über zweitausendachthundert Aktenordnern, fünfundzwanzigtausend Büchern und Fotoalben zu pflegen. Das «bescheidene» Wohnhaus mit den abgesessenen Sofas, dem Nippes, der Kunst, dem Treppenlift, den Aschenbechern und Feuerzeugen wird derzeit inventarisiert; in begrenztem Umfang soll es einmal für Führungen und Veranstaltungen offen sein, vielleicht für einen Debattiersalon nach Art der Freitagsgesellschaft – ein Ort für erinnerndes Erleben also.

Den Gärtnern ihrer geliebten Botanischen Gärten hat

Loki schon vor Jahren ein Er-leben ermöglicht – und den «Internationalen Gärtneraustausch» gegründet, bei dem Gärtner meist für mehrere Wochen in Botanischen Gärten anderer Länder, Kontinente, Klimazonen arbeiten. Ein deutscher Gärtner bereiste etwa einmal die Wildnis der Anden, um die Bedingungen zu erleben, unter denen die Gewächse dort gedeihen.

Mir bescherte Lokis Wildnis am Brahmsee ein besonderes Erlebnis. Der Trampelpfad, der vom Parkplatz aus durch den Wald führt, endet an einem Campingplatz: Als ich aus dem modrigen Dickicht mit seinen vielen Zeugnissen des Werdens und Vergehens trat, fand ich mich mit nur einem Schritt in der Akkuratesse des deutschen Wohnwagenwesens wieder – einer Welt von Dauercampern, Wäscheleinen, Plastikstühlen. Plötzlich ging der wild wuchernde Wald in eine penibel gestutzte Thujahecke über: Wildnis stieß auf Zivilisation, ganz direkt. Zunächst ein verstörender Anblick, doch bald war ich fasziniert. Die beiden so unterschiedlich anmutenden Welten existieren nun schon seit Jahrzehnten ohne große Konflikte nebeneinander – ein schöner Gedanke eigentlich.

Als ich zurück in den Wald ging, fielen mir einige Gewächse auf, die ich zuvor nicht beachtet hatte: eine Pflanze mit marmorierten Blättern, die Florentinernessel, erklärte mein Begleiter, der Botaniker Hans-Helmut Poppendieck; ein bisschen weiter Springkraut, das als Zierpflanze aus Indien gekommen war und sich in Europa vielerorts invasiv ausbreitete. «Beide stammen aus der zivilisierten Welt dort drüben.» Poppendieck deutete zum Campingplatz. «Aber schon nach ein paar Metern im Wald werden sie weniger.» Die Wildnis bremst sie aus – ganz von selbst.

Mal wieder steckte dieser Wald voller Beobachtungen und Fragen. So auch die: Was hatte Loki mit ihm vor? Welche Vorkehrungen traf sie für ihr Herzensprojekt? Die Antwort war überraschend: keine.

«Was daraus wird, das wird man sehen. Ich werde es sowieso nicht mehr erleben», das habe sie Hans-Helmut Poppendieck ausdrücklich gesagt.

Erstaunlich, aber auch nur im ersten Augenblick: Der Wald war ihr ganz persönliches Neugierprojekt, bei allem Stolz, bei aller wissenschaftlicher Begleitung, bei allen Fragen, die er aufwirft. Aber nun, wo sie nicht mehr ist, sind andere für ihn verantwortlich. Die Nachwelt soll entscheiden. So vererbten die Schmidts das Grundstück Tochter Susanne, die den «Urwald aus zweiter Hand» schon 2016 der Loki-Schmidt-Stiftung schenkte. Und die wird ihn nach Lokis ursprünglicher Idee weiter unbeeinflusst wachsen lassen.

«Loki wollte keine Institution draus machen», so Poppendieck, «ihr ging es um das Überraschende an diesem Projekt, darum, sich von der Vorstellung zu lösen, wie Natur zu sein hat – und sie einfach frei wirken zu lassen. Ihr wäre es lieb gewesen, wenn andere dieses Experiment an anderer Stelle wiederholen würden, sich davon inspirieren ließen.»

Man kann den Wald am Brahmsee also als Aufforderung auffassen, die Natur nicht zu inszenieren. Sondern im Sinne der Evolution zu sagen: Jetzt mach mal, Natur. Mit dem, was du hast! Wir lassen uns gern überraschen!

Loki war eben Anstifterin.

«Für uns ist es die Herausforderung, den Stiftungsgedanken weiterzuentwickeln», sagt Geschäftsführer Axel Jahn.

Als Gewächs eher struppig, als Blüte apart: Die Bromelie *Pitcairnia loki-schmidtiae* trägt Lokis Namen in die Zukunft.

«Denn die Welt bleibt nicht, wie sie ist, sie verändert sich. Und wir müssen sie gestalten.» Weiterhin ist es ein vorrangiges Ziel der Stiftung, ihre Areale mit den seltenen Pflanzen und Lebensräumen zu erhalten und weitere schützenswerte zu kaufen oder dauerhaft zu pachten, wie etwa 2016 ein Kalkquellmoor in Vorpommern, den Binsenberg, wo seltene Mehlprimeln blühen. Dazu kommen Schenkungen wie die Wildnis am Brahmsee oder – dadurch inspiriert – eine ehemalige Kuhweide in Schleswig-Holstein, die vom Besitzer über vierzig Jahre hinweg zu einem artenreichen Gebiet mit alten Obstsorten, Teichen und Mischwald entwickelt wurde. Nun hat er sie der Stiftung geschenkt, weil er einen Teil seines Lebenswerks in sicheren Händen wissen wollte. In einem weiteren Projekt will die Stiftung Flächen im Elbtal kaufen, um dort wieder naturnahe Auwälder zu entwickeln.

«Naturschutz heißt für uns nicht ‹entweder – oder›, Wildnis oder Kulturlandschaft, sondern ganz in Lokis Sinne ‹sowohl – als auch›», erklärt mir Axel Jahn. «Also einerseits einen Wald unbeeinflusst wuchern zu lassen, andererseits die alten Kulturlandschaften zu pflegen und neue Zufluchtsräume zu schaffen.» Etwa auch auf Firmengeländen, ganz so, wie Loki es empfohlen hatte, als sie 1982 die Alexander-von-Humboldt-Medaille erhielt: Die Loki-Schmidt-Stiftung bietet Beratung für die standortgemäße und naturnahe Pflege solcher Flächen an, damit pflegeintensive Rasen oder zubetonierte Freiflächen zu artenreichen Wildblumenwiesen, Trockenrasen oder Feuchtbiotopen werden. Und mit der «Blume des Jahres» kann jeder Einzelne im Alltag Schutzräume für Pflanzen schaffen: Alljährlich bietet die Stiftung die aktuelle Blume als Saatgut an, sodass man für sich selbst erleben kann, wie sie wächst und gedeiht.

«Im Jubiläumsjahr 2019, dem vierzigsten des Bestehens der Stiftung, verfolgen wir mit der ‹Blume des Jahres› einen neuen Ansatz», so Axel Jahn: Die Besenheide – eine durchaus populäre Art eines bedrohten Lebensraums, der Heide – kann als langlebiger Zwergstrauch bis zu dreißig Jahre alt werden. «Wenn sie irgendwo wächst, muss das ein Standort sein, der schon eine Weile recht unbeeinflusst existiert. Dann kommen da wahrscheinlich auch andere Pflanzen und Tiere vor, die bedroht sind. Es wird einige Inselvorkommen der Besenheide geben, Relikte, die gar nicht bekannt und registriert sind. Wir wollen die Leute auffordern, uns Bilder von solchen Standorten der Besenheide zu schicken – als eine Art *Public Science.*» Aus der «Blume des Jahres» wird so eine Er-lebnisaktion – mit Erkenntnisgewinn für die Stiftung.

Seit 2011 organisiert die Loki-Schmidt-Stiftung in Hamburg an einem Wochenende im Sommer den «Langen Tag der StadtNatur»: Zuletzt kamen zu über zweihundert Veranstaltungen mehr als siebentausend Menschen, um die Naturschutzgebiete der Hansestadt und ihrer Umgebung zu erleben, von denen man einige sonst gar nicht betreten darf; sie folgten Botanikern, Insekten- und Schneckenforschern in ausgewählte Lebensräume vor der Haustür, bestaunten Wildbienen, Waldhyazinthen und die ersten zurückgekehrten Hamburger Biber, hörten Lesungen im Grünen, paddelten durch Elbauen, sammelten Wildkräuter, um daraus Pesto herzustellen: Natur er-leben auf unterschiedlichen Ebenen.

Es gibt ein Foto aus dem Jahre 1929, das Loki beim ersten Klassenausflug der Lichtwarkschule zeigt – und der führte in die Boberger Dünen am Rande Hamburgs: Sandberge voller Strandhafer erinnern hier an die Nordsee – nur ohne Meer. Es ist der Sand der Urelbe, der sich nach der letzten Eiszeit an den Hängen ablagerte.

«Da haben sie vor allem im Matsch gespielt und sich ausgetobt, hat Loki mir mal erzählt.» Karen Elvers, Biologin und Naturpädagogin der Loki-Schmidt-Stiftung, ist gerade mit einer Kitagruppe im heutigen Naturschutzgebiet der Boberger Dünen unterwegs: «Wenn Kinder zum ersten Mal herkommen, rennen sie meist die ganze Zeit. Viele kennen freies Bewegen ja gar nicht mehr. Manche Erzieher wollen, dass die Kinder hier Hand in Hand gehen. Also sage ich ihnen: Rennt los!»

Die «NaturForscher» sind ein Programm speziell für Kitas, das Lokis Stiftung hier bei den Boberger Dünen und in der Fischbeker Heide anbietet, wo Loki als Kind oft die Großeltern besuchte. Einmal im Monat, insgesamt zehn Mal, kommen die Gruppen in eines der Infohäuser, um das Naturschutzgebiet zu erkunden; jedes Mal mit einem anderen Thema. Heute verteilt Karen Elvers Schäferhut, Schäferstock und einen Stofftierschäferhund an die Fünf- und Sechsjährigen, dann ziehen sie mit einem Bollerwagen zu den Schafen, die in Boberg die Sandflächen vom Bewuchs freiweiden.

«Unterwegs gehen wir von dem aus, was die Kinder selbst sehen. Manchmal tritt ein Kind eine Spinne tot, weil es das so gewohnt ist. Dann versammele ich alle und wir schauen uns die Spinne genau an. Und ich fange an zu fragen: Was machen Spinnen eigentlich? Wovon leben die? Warum gibt es Spinnen? Und die nächste Spinne werden sie wahrscheinlich nicht tottreten.»

«Schau mal, ein Kobel», ruft ein Kind und zeigt mir ein Eichhörnchennest im Baum. Kürzlich hatten sie selbst Eicheln im Wald versteckt, die sie später nicht alle wiederfanden; danach wussten sie, wieso auf den Dünen manchmal kleine Eichen wachsen. Heute sollen sie erleben, weshalb hier dreihundert Schafe und etwa dreißig Ziegen weiden. Sie beobachten es nun selbst: Die Ziegen zupfen Blätter von den Büschen und futtern auch die kleinen Bäume, die aus den Dünen sonst bald einen Wald machen würden.

«Die Kinder können hier etwas erleben, aber ein bisschen Wissen sollen sie auch mitnehmen», sagt Karen Elvers. «Wissen macht Kinder selbstbewusst, vor allem, wenn die Eltern etwas nicht kennen. Und wir schauen uns oft ‹Igitt-Tiere› an, beschäftigen uns mit Schnecken oder bauen Asselhotels.»

Solche «huschigen», oft nicht beachteten, gerne verschmähten Tiere mochte Loki besonders, dachte ich da: Silberfischchen etwa, Ameisen und Asseln natürlich. «Wofür ist eigentlich eine Zecke gut?», fragte ich sie einmal. «Oder eine Stechmücke? Was würden Sie den Menschen antworten?»

«Man muss ihnen erst einmal klarmachen: Für uns sind sie vielleicht nicht angenehm, aber die Zecke hat genau dieselbe Daseinsberechtigung wie wir Menschen. Kindern immer wieder deutlich zu machen, dass wir Menschen eine Art sind und dass andere Arten genauso existieren dürfen, das ist mühsam, aber es hat in meinem Unterricht immer eine Rolle gespielt. Auch eine Zecke oder eine Mücke haben diese Daseinsberechtigung.»

«Oder eine Brennnessel.»

«Genau. Es gibt übrigens genug Menschen, die zarte Brennnesseln als Spinat kochen, und so schlecht schmeckt das nicht.»

In den Boberger Dünen bleiben zwei Jungs vor einer Brennnessel stehen: «Wenn man sie von unten anfasst, stechen sie nicht so», sagt der eine. Sein Freund tritt trotzdem nach ihr.

«Nicht treten», sagt der erste Junge. «Sie gehört auch zur Natur!»

Lokis Namen kennt der Sechsjährige nicht, eines ihrer wesentlichen Prinzipien hat er schon begriffen.

Das bleibt.

Anmerkungen

Herkunft: Armer Leute Kind

1 Loki Schmidt, Dieter Buhl: «Auf dem roten Teppich und fest auf der Erde», Hamburg 2010, S. 7, Vorwort von Helmut Schmidt.
2 Helmut Schmidt: «Was ich noch sagen wollte», München 2015, S. 79.
3 Helmut Schmidt u. a.: «Kindheit und Jugend unter Hitler», Kapitel von Hannelore Schmidt: «Gezwungen, früh erwachsen zu sein», S. 23 ff.
4 Ebd., S. 30.
5 Norbert Michaelis: «Hamburger Kindheit in schwerer Zeit», Bremen 2010.
6 Helmut Schmidt u. a.: «Kindheit und Jugend unter Hitler», Kapitel von Hannelore Schmidt: «Gezwungen, früh erwachsen zu sein», S. 27.

Augenhöhe: Frau Mantel und die Queen

1 Günter Warnholz: «Eine gute Sportlerin ist sie auch», in Rolf Italiaander: «Loki – Die ungewöhnliche Geschichte einer Lehrerin namens Schmidt. Erzählt von ihren Freunden», Düsseldorf 1988, S. 171.
2 Loki Schmidt, Reiner Lehberger: «Auf einen Kaffee mit Loki Schmidt», Hamburg 2010, S. 13.

3 Rolf Italiaander: «Loki – Die ungewöhnliche Geschichte einer Lehrerin namens Schmidt. Erzählt von ihren Freunden», S. 19.
4 Loki Schmidt, Dieter Buhl: «Auf dem roten Teppich und fest auf der Erde», S. 159.

Heimat Hamburg: Knackwurst in Papier

1 Hans Martin Hinz: «Der Krieg und seine Museen», Frankfurt / New York 1997, S. 100.
2 http://win2014.de/?p=2113 (zuletzt aufgerufen am 5.10.2018).
3 Hans Martin Hinz: «Der Krieg und seine Museen», S. 100.
4 Ebd.
5 Helmut Schmidt u. a.: «Kindheit und Jugend unter Hitler», Kapitel von Hannelore Schmidt: «Gezwungen, früh erwachsen zu sein», S. 61 ff.
6 Ida Ehre: «Auch Schmidts stellten sich nach Theaterkarten an», in: Rolf Italiaander: «Loki – Die ungewöhnliche Geschichte einer Lehrerin namens Schmidt. Erzählt von ihren Freunden», S. 239. (Dort auch das Zitat von Loki über Ida Ehre.)

Lernen: Sag niemals «die»!

1 Loki Schmidt, Reiner Lehberger: «Mein Leben für die Schule», Hamburg 2005, S. 29.
2 Vgl. zu den Schulen jener Zeit: Loki Schmidt, Reiner Lehberger: «Mein Leben für die Schule», S. 30.
3 Helmut Schmidt u. a.: «Kindheit und Jugend unter Hitler», Kapitel von Helmut Schmidt: «Politischer Rückblick auf eine unpolitische Jugend», S. 217.
4 Barbara Vogel: «Vorwort», in: Anne-Kathrin Beer: «Eine Schule, die hungrig machte – Helmut und Loki Schmidt und die Lichtwarkschule», Bremen 2007, S. 8.
5 Helmut Schmidt u. a.: «Kindheit und Jugend unter Hitler», Kapitel von Helmut Schmidt: «Politischer Rückblick auf eine unpolitische Jugend», S. 215.

6 Ebd., S. 217.
7 Loki Schmidt: «Eine der wichtigsten Persönlichkeiten unserer Lichtwark-Schulzeit», in: Rolf Italiaander: «Loki – Die ungewöhnliche Geschichte einer Lehrerin namens Schmidt. Erzählt von ihren Freunden», S. 102.
8 Loki Schmidt, Reiner Lehberger: «Mein Leben für die Schule», S. 82.
9 Anne-Kathrin Beer: «Eine Schule, die hungrig machte – Helmut und Loki Schmidt und die Lichtwarkschule», Bremen 2007, S. 96.
10 Loki Schmidt, Reiner Lehberger: «Mein Leben für die Schule», S. 82.
11 Anne-Kathrin Beer: «Eine Schule, die hungrig machte – Helmut und Loki Schmidt und die Lichtwarkschule», S. 57.
12 Helmut Schmidt u. a.: «Kindheit und Jugend unter Hitler», Kapitel von Helmut Schmidt: «Politischer Rückblick auf eine unpolitische Jugend», S. 218.
13 Anne-Kathrin Beer: «Eine Schule, die hungrig machte – Helmut und Loki Schmidt und die Lichtwarkschule», S. 119.
14 Vgl. Anne-Kathrin Beer: «Eine Schule, die hungrig machte – Helmut und Loki Schmidt und die Lichtwarkschule», S. 119.
15 Helmut Schmidt u. a.: «Kindheit und Jugend unter Hitler», Kapitel von Hannelore Schmidt: «Gezwungen, früh erwachsen zu sein», S. 30.
16 Vgl. Anne-Kathrin Beer: «Eine Schule, die hungrig machte – Helmut und Loki Schmidt und die Lichtwarkschule», S. 108 ff.
17 Helmut Schmidt u. a.: «Kindheit und Jugend unter Hitler», Kapitel von Hannelore Schmidt: «Gezwungen, früh erwachsen zu sein», S. 31.
18 Loki Schmidt, Reinhold Beckmann: «Erzähl doch mal von früher», Hamburg 2008, S. 67.
19 Loki Schmidt, Reiner Lehberger: «Mein Leben für die Schule», Hamburg 2005, S. 95.
20 Vgl. Helmut Schmidt u. a.: «Kindheit und Jugend unter Hit-

ler», Kapitel von Hannelore Schmidt: «Gezwungen, früh erwachsen zu sein», S. 33 ff.

21 Ebd., S. 36.

22 Vgl. ebd., S. 38.

Lehren: Expedition statt Gänseherde

1 Viele Zitate von Karin Jacobs-Zander stammen aus einem langen Telefonat, einige aus ihrem Buch: Karin Jacobs-Zander: «Lebenslotsen – Wie Vorbilder und Werte uns leiten», Hamburg 2014, wiederum andere aus ihrem Kapitel «Loki und die bindenden Werte» in: Rolf Italiaander: «Loki – Die ungewöhnliche Geschichte einer Lehrerin namens Schmidt. Erzählt von ihren Freunden», S. 126.

2 Loki Schmidt, Reiner Lehberger: «Mein Leben für die Schule», S. 30.

3 Rolf Italiaander: Loki – Die ungewöhnliche Geschichte einer Lehrerin namens Schmidt. Erzählt von ihren Freunden», S. 25.

4 Loki Schmidt, Reiner Lehberger: «Mein Leben für die Schule», S. 207.

5 Siegfried Lenz: «Mit Lokis Augen», in: Rolf Italiaander: «Loki – Die ungewöhnliche Geschichte einer Lehrerin namens Schmidt. Erzählt von ihren Freunden», S. 10.

Neugier: Aha als Lebenselixier

1 Loki Schmidt, Dieter Buhl: «Loki – Hannelore Schmidt erzählt aus ihrem Leben», Hamburg 2003, S. 270.

2 Todd Kashdan: «Curious? – Discover the Missing Ingredient to a Fulfilling Life», New York 2009, S. 35.

Kanzlergattin: Ein Leben als Frau Deutschland

1 Loki Schmidt, Reinhold Beckmann: «Erzähl doch mal von früher», S. 135.
2 Ursula Philipp: «Loki musste immer wieder neu anfangen», in: Rolf Italiaander: «Loki – Die ungewöhnliche Geschichte einer Lehrerin namens Schmidt. Erzählt von ihren Freunden», S. 145.
3 Vgl. Reiner Lehberger: «Loki Schmidt – Die Biographie», Hamburg 2014, S. 174.
4 Rolf Italiaander: «Loki – Die ungewöhnliche Geschichte einer Lehrerin namens Schmidt. Erzählt von ihren Freunden», Düsseldorf 1988, S. 39.
5 Loki Schmidt, Reinhold Beckmann: «Erzähl doch mal von früher», S. 147.
6 Loki Schmidt, Dieter Buhl: «Auf dem roten Teppich und fest auf der Erde», Hamburg 2010, S. 79.
7 Ursula Philipp: «Loki musste immer wieder neu anfangen», in: Rolf Italiaander: «Loki – Die ungewöhnliche Geschichte einer Lehrerin namens Schmidt. Erzählt von ihren Freunden», S. 145.
8 Loki Schmidt, Dieter Buhl: «Auf dem roten Teppich und fest auf der Erde», S. 86.
9 Ebd., S. 113.
10 Hans-Jürgen Wischnewski: «Wann Politiker ihre Ehefrauen brauchen» in: Rolf Italiaander: «Loki – Die ungewöhnliche Geschichte einer Lehrerin namens Schmidt. Erzählt von ihren Freunden», S. 166 f.
11 Helmut Schmidt: «Was ich noch sagen wollte», S. 85.
12 Angela Nacken: «Kaffeeklatsch bei Loki» in: Rolf Italiaander: «Loki – Die ungewöhnliche Geschichte einer Lehrerin namens Schmidt. Erzählt von ihren Freunden», S. 43.
13 Vgl. Reiner Lehberger: «Loki Schmidt – Die Biographie», S. 245.
14 Das ist ein häufig zitierter Satz von Loki. Nach ihrem Tod war er oft zu lesen, etwa hier: https://www.pnn.de/ueberregio-

nales/zum-tod-von-loki-schmidt-ich-war-nie-ein-richtiges-maedchen/22103182.html (zuletzt aufgerufen am 5.10.2018).

15 Loki Schmidt, Reinhold Beckmann: «Erzähl doch mal von früher», S. 154.

16 https://www.zeit.de/2007/36/Interview-Helmut-Schmidt/komplettansicht (zuletzt aufgerufen am 5.10.2018).

17 Loki Schmidt, Reinhold Beckmann: «Erzähl doch mal von früher», S. 159.

18 http://www.spiegel.de/spiegel/spiegelgeschichte/d-139863474.html (zuletzt aufgerufen am 5.10.2018).

Forschen: Kinderträume, Gin und Klopapier

1 Loki Schmidt, Dieter Buhl: «Loki – Hannelore Schmidt erzählt aus ihrem Leben», S. 237.

2 Wolfgang Wickler: «Wissenschaftliche Reisen mit Loki Schmidt», Berlin / Heidelberg 2014, S. 1.

3 Ebd., S. 51.

4 Ebd., S. 68.

5 Der Spiegel 11/1997 (http://www.spiegel.de/spiegel/print/d41019364.html, zuletzt aufgerufen am 5.10.2018).

6 Vgl. Reiner Lehberger: «Loki Schmidt – Die Biographie», S. 247.

Schützen: Im Namen der Blumen

1 Loki Schmidt: «Die Blumen des Jahres», Hamburg 2003, S. 12.

2 Ebd.

3 Loki Schmidt, Dieter Buhl: «Loki – Hannelore Schmidt erzählt aus ihrem Leben», S. 336.

4 Gyula Trebitsch: «Ein grenzüberschreitendes Naturschutzgebiet», in: Rolf Italiaander: Loki – Die ungewöhnliche Geschichte einer Lehrerin namens Schmidt. Erzählt von ihren Freunden», S. 302.

5 Vgl. Petra Schwarz, Reinhard Lieberei: «Loki Schmidt – Forscherin und Beobachterin für die Natur», Bremen 2009, S. 122.

6 Loki Schmidt: «Jeder Mensch ist ein Stück Natur», in: Rolf Italiaander: «Loki – Die ungewöhnliche Geschichte einer Lehrerin namens Schmidt. Erzählt von ihren Freunden», Düsseldorf 1988, S. 315 ff.
7 Die Lösung für das Überleben des Schierlings-Wasserfenchels sieht derzeit so aus: Zwei ehemalige Absetzbecken der Hamburger Wasserwerke auf der Billwerder Insel sollen zur neuen Heimat für die Pflanze werden. Die Becken wurden so umgebaut, dass sie unter dem Einfluss von Ebbe und Flut stehen, wie es der Schierlings-Wasserfenchel benötigt. Daran ist die Loki-Schmidt-Stiftung aber nicht direkt beteiligt.
8 Reiner Lehberger: «Loki Schmidt – Die Biographie», S. 269.

Helmut: Mein Herr und Gebieter

1 Helmut Schmidt u. a.: «Kindheit und Jugend unter Hitler», Kapitel von Hannelore Schmidt: «Gezwungen, früh erwachsen zu sein», S. 53.
2 Reiner Lehberger: «Loki Schmidt – Die Biographie», S. 81.
3 Loki Schmidt, Reiner Lehberger: «Mein Leben für die Schule», S. 145.
4 Helmut Schmidt u. a.: «Kindheit und Jugend unter Hitler», Kapitel von Hannelore Schmidt: «Gezwungen, früh erwachsen zu sein», S. 53.
5 Ebd.
6 Ebd.
7 Helmut Schmidt u. a.: «Kindheit und Jugend unter Hitler», Kapitel von Helmut Schmidt: «Politischer Rückblick auf eine unpolitische Jugend», S. 245.
8 Aus der Sendung «Wir Schmidts: Helmut und Loki Schmidt» (ARD) vom 25. 2. 2009 – im Gespräch mit Giovanni di Lorenzo (https://www.youtube.com/watch?v=-S6EG-eLF6c&list=-PLD9BAD21FBCD203C9&index=3, zuletzt aufgerufen am 5. 10. 2018).
9 Helmut Schmidt u. a.: «Kindheit und Jugend unter Hitler», Ka-

pitel von Hannelore Schmidt: «Gezwungen, früh erwachsen zu sein», S. 54.

10 Helmut Schmidt: «Religion in der Verantwortung – Gefährdungen des Friedens im Zeitalter der Globalisierung», Berlin 2012, S. 17.

11 Vgl. Helmut Schmidt u. a.: «Kindheit und Jugend unter Hitler», Kapitel von Helmut Schmidt: «Politischer Rückblick auf eine unpolitische Jugend», S. 249.

12 Vgl. Helmut Schmidt u. a.: «Kindheit und Jugend unter Hitler», Kapitel von Hannelore Schmidt: «Gezwungen, früh erwachsen zu sein», S. 57.

13 Helmut Schmidt u. a.: «Kindheit und Jugend unter Hitler», Kapitel von Helmut Schmidt: «Politischer Rückblick auf eine unpolitische Jugend», S. 249.

14 Vgl. Helmut Schmidt u. a.: «Kindheit und Jugend unter Hitler», Kapitel von Hannelore Schmidt: «Gezwungen, früh erwachsen zu sein», S. 60.

15 Ebd., S. 62.

16 Sein Taufpate war ein Freund der Schmidts, Walter Plennis. Weil Helmut und Walter im Freundeskreis Max und Moritz genannt wurden, hieß der Kleine bald nur das «Moritzelchen».

17 Vgl. Helmut Schmidt u. a.: «Kindheit und Jugend unter Hitler», Kapitel von Hannelore Schmidt: «Gezwungen, früh erwachsen zu sein», S. 72.

18 https://www.bild.de/bildlive/2013/11-schmidt-33960488.bild.html (zuletzt aufgerufen am 5. 10. 2018).

19 Helmut Schmidt u. a.: «Kindheit und Jugend unter Hitler», Kapitel von Hannelore Schmidt: «Gezwungen, früh erwachsen zu sein», S. 72.

20 Helmut Schmidt u. a.: «Kindheit und Jugend unter Hitler», Kapitel von Helmut Schmidt: «Politischer Rückblick auf eine unpolitische Jugend», S. 260.

21 Helmut Schmidt: «Was ich noch sagen wollte», München 2015, S. 61.

22 Ebd., S. 59.

23 Ebd., S. 61.

24 Loki Schmidt, Reinhold Beckmann: «Erzähl doch mal von früher», S. 103.
25 Loki Schmidt, Dieter Buhl: «Auf dem roten Teppich und fest auf der Erde», S. 219.
26 Loki Schmidt, Reinhold Beckmann: «Erzähl doch mal von früher», S. 116.
27 Loki Schmidt, Reiner Lehberger: «Mein Leben für die Schule», S. 157.
28 Loki Schmidt, Dieter Buhl: «Auf dem roten Teppich und fest auf der Erde», S. 35.
29 Helmut Schmidt: «Was ich noch sagen wollte», S. 83.
30 Ebd., S. 85.
31 Helmut Schmidt: «Was ich noch sagen wollte», S. 91.
32 Ebd., S. 85.
33 Loki Schmidt, Reinhold Beckmann: «Erzähl doch mal von früher», S. 248.
34 Ebd.
35 Helmut Schmidt: «Was ich noch sagen wollte», S. 86.
36 Bei den Feierlichkeiten zu seinem 95. Geburtstag im Hamburger Thalia-Theater: https://www.bild.de/regional/hamburg/helmut-schmidt/die-welt-verneigt-sich-34307872.bild.html (zuletzt aufgerufen am 5.10.2018).

Zeit und Wandel: Wir Höhlenkinder

1 Helmut Schmidt (Hg.): «Erkundungen – Beiträge zum Verständnis unserer Welt. Protokolle der Freitagsgesellschaft», Stuttgart 1999, S. 8.
2 Loki Schmidt, Reinhold Beckmann: «Erzähl doch mal von früher», S. 263.
3 Loki Schmidt, Reiner Lehrberger: «Auf einen Kaffee mit Loki Schmidt», Hamburg 2010, S. 151.
4 Loki Schmidt: «Jeder Mensch ist ein Stück Natur», in: Rolf Italiaander: «Loki – Die ungewöhnliche Geschichte einer Lehrerin namens Schmidt. Erzählt von ihren Freunden», S. 319.

Der letzte Whisky

1 Die kursiven Zitate im Folgenden stammen aus: Loki Schmidt, Reinhold Beckmann: «Erzähl doch mal von früher», S. 265.

Literaturhinweise

ANNE-KATHRIN BEER: *«Eine Schule, die hungrig machte – Helmut und Loki Schmidt und die Lichtwarkschule»*, Bremen 2007

LOTHAR FRENZ: *«Riesenkraken und Tigerwölfe – Auf der Spur mysteriöser Tiere»*, Berlin 2000

LOTHAR FRENZ: *«Lonesome George oder Das Verschwinden der Arten»*, Berlin 2012

HANS MARTIN HINZ: *«Der Krieg und seine Museen»*, Frankfurt / New York 1997

ROLF ITALIAANDER (HG.): *Loki – Die ungewöhnliche Geschichte einer Lehrerin namens Schmidt. Erzählt von ihren Freunden*, Düsseldorf 1988

KARIN JACOBS-ZANDER: *«Lebenslotsen – Wie Vorbilder und Werte uns leiten»*, Hamburg 2014

REINER LEHBERGER: *«Loki Schmidt – Die Biographie»*, Hamburg 2014

NORBERT MICHAELIS: *«Hamburger Kindheit in schwerer Zeit – Die 1930er Jahre, Bombenkrieg, Kinderlandverschickung und Nachkriegsjahre»*, Bremen 2010

HELMUT SCHMIDT: *«Religion in der Verantwortung – Gefährdungen des Friedens im Zeitalter der Globalisierung»*, Berlin 2012

HELMUT SCHMIDT: *«Was ich noch sagen wollte»*, München 2015

HELMUT SCHMIDT U. A.: *«Kindheit und Jugend unter Hitler»*, Berlin 1994

HELMUT SCHMIDT (HG.): *«Erkundungen – Beiträge zum Verständnis unserer Welt. Protokolle der Freitagsgesellschaft»*, Stuttgart 1999

Loki Schmidt: «*Schützt die Natur – Impressionen aus unserer Heimat*», Freiburg im Breisgau 1979
Loki Schmidt: «*Die Botanischen Gärten Deutschlands*», Hamburg 1997
Loki Schmidt: «*Von der Brache zum Eichen-Buchen-Wald – 20 Jahre Entwicklung ohne menschlichen Eingriff*», in: Naturwissenschaftliche Rundschau, 50. Jahrgang, Heft 10/1997, S. 394–397
Loki Schmidt: «*Die Blumen des Jahres*», Hamburg 2003
Loki Schmidt, Reinhold Beckmann: «*Erzähl doch mal von früher*», Hamburg 2008
Loki Schmidt, Dieter Buhl: «*Loki – Hannelore Schmidt erzählt aus ihrem Leben*», Hamburg 2003
Loki Schmidt, Dieter Buhl: «*Auf dem roten Teppich und fest auf der Erde*», Hamburg 2010
Loki Schmidt, Lothar Frenz: «*Das Naturbuch für Neugierige*», Berlin 2010
Loki Schmidt, Reiner Lehberger: «*Mein Leben für die Schule*», Hamburg 2005
Loki Schmidt, Reiner Lehberger: «*Auf einen Kaffee mit Loki Schmidt*», Hamburg 2010
Hans Schreier, Hans-Helmut Poppendieck: «*Baumland – Porträts von alten und neuen Bäumen im Norden*», Hamburg 2005
Petra Schwarz, Reinhard Lieberei: «*Loki Schmidt – Forscherin und Beobachterin für die Natur*», Bremen 2009
Wolfgang Wickler: «*Wissenschaftliche Reisen mit Loki Schmidt*», Berlin / Heidelberg 2014

Dank

Eher nebenbei hatte ich meinem Verleger Gunnar Schmidt von Lokis bevorstehendem Hundertsten erzählt. Ob ich aus diesem Anlass nicht ein Buch schreiben wolle, fragte er. Natürlich hatte er das mal wieder gespürt, doch ich erschrak zunächst ein wenig. Claudia Sewig hat mich dann zu meinem persönlichen Blick auf Loki ermutigt. Beim Schreiben dachte ich oft an Jens Dehning, unseren damaligen Lektor mit seinem «guten Händchen», so sagte es Loki oft, weil er uns zusammengebracht hatte. Hanna Schuler hat nun dieses zweite Loki-Buch ganz wunderbar und sorgfältig lektoriert, Ulrich Wank sich sehr engagiert, damit ein paar Ausschnitte unserer Gespräche zugänglich werden. Den Geburtshelfern dieses Buchs danke ich sehr.

Wilhelm Barthlott danke ich herzlich für unseren Gedankenaustausch über Loki beim Spaziergang im Botanischen Garten in Bonn, Hans-Helmut Poppendieck für die anregende Exkursion in die Wildnis am Brahmsee, Karin Jacobs-Zander für die lebendige Schilderung der Lehrerin, Axel Jahn für Gespräche bei Wein, Käse und Flammkuchen über Gott und die Welt und Loki, Karen Elvers für einen Tag im Sand der Urelbe in den Boberger Dünen und Edith Weiß, weil sie mir immer wieder vor

Augen führte, was Loki Schmidt einer ganz normalen Hamburgerin bedeutet.

Besonders danke ich Friedemann Reuter für das Bearbeiten der Gesprächsausschnitte – und für alles andere und noch viel mehr.

Bildnachweis

Seite 12: Laif
Seite 20/21: Helmut Schmidt Archiv
Seite 30: Helmut Schmidt Archiv
Seite 42: Fotoagentur Sven Simon
Seite 49: akg-images / Michael Zapf
Seite 68/69: ullstein bild
Seite 86: Barbara Gitschel-Bellwinkel
Seite 98: Lothar Frenz
Seite 112/113: dpa – Report
Seite 121: Heinz-Ulrich Reyer
Seite 137: Picture Alliance
Seite 158/159: Helmut Schmidt Archiv
Seite 170/171: Spiegel online
Seite 184/185: dpa – Bildarchiv
Seite 191: dpa
Seite 197: Timm Stolten

Loki Schmidt im Gespräch mit dem Autor

Bei der Arbeit an ihrem gemeinsamen Buch «Das Naturbuch für Neugierige» (2010) zeichneten Loki Schmidt und Lothar Frenz einige ihrer Gepräche auf, in denen es nicht nur um die Liebe zur Natur ging. Mit dem QR-Code lassen sich die schönsten Mitschnitte herunterladen.

Lothar Frenz

Lonesome George oder Das Verschwinden der Arten

Wir sind dann mal weg – eine andere Geschichte vom Verschwinden der Arten

Das Aussterben gehört seit jeher zu den natürlichsten Prozessen der Welt – wie das Entstehen neuer Spezies. Doch Wissenschaftler prophezeien, dass in den nächsten fünfzig Jahren die Hälfte aller heutigen Arten verschwunden sein wird. Schon als Kolumbus die Neue Welt betrat, begann die Globalisierung – und damit der Verlust der Vielfalt, auch in der Natur. Und das Tempo nimmt zu: Die «McDonaldisierung» der Biosphäre steht bevor. Mit welchen Folgen?

Ausgezeichnet als Umweltbuch des Jahres 2013

«Spannender lässt sich das Werden und Vergehen von Arten nicht erzählen.» *GEO.de*

«Lothar Frenz hat ein wichtiges und gleichzeitig kurzweilig zu lesendes Buch geschrieben.» *Frankfurter Allgemeine Zeitung*

«Ein überzeugendes Buch über die Evolution.» *Die Welt*

«Eine Ode an die Natur. Hervorragend recherchiert. Humorvoll und einfühlsam.» *Spektrum der Wissenschaft*

352 Seiten